Sabine Schuler · Christine Georg

*Das Ravensburger Buch
der Gutenacht-Geschichten*

Das Ravensburger Buch der Gutenacht-Geschichten

Herausgegeben von Sabine Schuler
Mit Bildern von Christine Georg

Ravensburger Buchverlag

Für unsere Eltern
Sabine Schuler und Christine Georg

Wenn es dunkel wird

Hans Stempel und Martin Ripkens

Willkommen an Bord

Guten Abend, liebe Kinder.
Im Namen von Kapitän Sandmann
und seiner Besatzung
begrüßen wir euch an Bord
unseres vierbeinigen Jumbobetts.
Bitte, deckt euch gut zu,
und wir empfehlen euch auch,
während des ganzen Fluges
schön eingekuschelt zu bleiben.
Wir fliegen mit einer Geschwindigkeit
von siebenundsiebzig Traummeilen.
Unsere Flugzeit ins Morgenland
wird zehn Stunden betragen.

Zum Liebhaben stehen Puppen
und Plüschbären zur Verfügung.
Es darf geschnarcht werden.

Eva Maria Kohl

Warum die Nacht schwarz ist

Es war einmal ein kleines Mädchen, das lag in seinem Bett und konnte nicht einschlafen. Es sah zum Fenster, ob nicht noch ein wenig von der Sonne oder vom Himmel zu sehen war. Aber hinter dem Fenster war es dunkel.

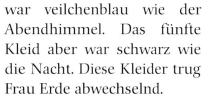

„Die Nacht ist so schwarz", sagte das Mädchen, „ich fürchte mich."
Das hörte eine Wolke, die gerade vorüberflog. Sie flog ins Zimmer und setzte sich zu dem Mädchen auf die Bettdecke.
„Wer bist du denn?" fragte das Mädchen erstaunt und hörte auf zu weinen.
„Ich bin die Wolke Isolde und habe dich weinen hören. Da dachte ich mir, ich schaue mal vorbei."
„Ich fürchte mich so vor der schwarzen Nacht", sagte das Mädchen und fing wieder zu weinen an.
„Da mußt du dich nicht fürchten. Ich werde dir die Geschichte von der dunklen Nacht erzählen", sagte die Wolke.
„O ja! Erzähl!" bat das Mädchen.
„Vor vielen, vielen Jahren, als das Jahr noch keine Jahreszeiten und der Tag noch keine Stunden hatte, besaß Frau Erde fünf Kleider. Das erste Kleid war hellgrün wie eine Wiese am frühen Morgen. Das zweite Kleid war sonnengelb wie ein Kornfeld am Mittag. Das dritte Kleid war rot wie die Wange eines Apfels am Nachmittag. Das vierte Kleid war veilchenblau wie der Abendhimmel. Das fünfte Kleid aber war schwarz wie die Nacht. Diese Kleider trug Frau Erde abwechselnd.

Mond und Sonne, Sterne und Wolken sahen sie darin und freuten sich, wie schön und jung Frau Erde in ihren Kleidern aussah. Sie gaben den Kleidern Namen. ‚Jetzt kommt das Morgenkleid!' sagten sie, wenn Frau Erde das hellgrüne Kleid trug. ‚Jetzt kommt das Mittagskleid!' riefen sie, wenn sie das sonnengelbe Kleid trug. Zu dem apfelroten Kleid sagten sie Nachmittagskleid und zu dem veilchenblauen Abendkleid. ‚Was für wunderschöne Farben!' sagten sie, ‚sie leuchten und leuchten, man möchte sie immerzu ansehen!' Kam aber Frau Erde in dem nachtschwarzen Kleid, drehten sie sich weg. ‚Es ist dunkel und ganz ohne Farben. Wirf es weg!' rieten sie Frau Erde.
So kam es, daß Frau Erde nur vier Kleider trug. Sie trug sie eine lange, lange Zeit. Einmal aber kam der Wind zu Frau Erde und sagte: ‚Liebe Erde! Eure Kleider sind schön und gefallen meinen Augen sehr. Aber verzeiht, weil ich Euch immer ansehen muß, brennen meine Augen und schmerzen. Habt Ihr nicht ein Kleid, an dem meine Augen sich ausruhen können?'
Ein andermal kamen zwei Wolken und baten: ‚Liebe Erde! Ihr seid so schön,

und die Farben Eurer Kleider leuchten und glänzen. Aber verzeiht, Ihr leuchtet und glänzt immerzu, uns tränen die Augen vom vielen Schauen. Habt Ihr nicht ein Kleid, an dem sich unsere Augen ausruhen können?"
Da erinnerte sich Frau Erde an ihr fünftes Kleid, das nachtschwarz war, und holte es wieder hervor. So kam die Nacht."
„Mußt du jetzt fortfliegen?" fragte das kleine Mädchen.
„Ja", sagte die Wolke. „Auf Wiedersehen!"
„Bleib bei mir", bat das kleine Mädchen, „und erzähl noch eine Geschichte."
„Das geht leider nicht", antwortete die Wolke, „aber meine Freundin, die Bettdecke, bleibt bei dir, sie weiß noch viele Geschichten. Wenn du unter sie kriechst und ganz leise bist, wirst du sie hören."
Das kleine Mädchen rutschte unter die Bettdecke, legte sein Ohr dicht daran, und es hörte noch viele Geschichten.

Mascha Kaléko

Schlafliedchen

Sieh, im blauen Nachtgewande
geht der müde Tag zur Ruh.
Fischer kehren heim vom Strande,
Eule gähnt im Wald „huhu"...
Selbst im Papageienlande
macht das Gnu
die Augen zu.
Na, und du?

Guten Abend, gut Nacht

1. Guten Abend, gut Nacht, mit Rosen bedacht, mit Näglein besteckt, schlupf unter die Deck: Morgen früh, wenn Gott will, wirst du wieder geweckt, morgen früh, wenn Gott will, wirst du wieder geweckt.

2. Guten Abend, gut Nacht,
   von Englein bewacht,
   die zeigen im Traum
   dir Christkindleins Baum.
   Schlaf nun selig und süß,
   schau im Traum 's Paradies,
   schlaf nun selig und süß,
   schau im Traum 's Paradies.

Melodie: Johannes Brahms

Pearl S. Buck

Wenn es dunkel wird

Als es dunkel wurde, kam die Mutter aus dem Haus und rief: „Es wird Abend, Kinder. Räumt eure Wagen und Dreiräder auf und kommt ins Haus!"

Michael, der das nicht gern hörte, erwiderte: „Ich will nicht, daß die Nacht kommt, ich möchte weiterspielen!"

„Ich mag noch nicht ins Bett gehen", schrie David.

Peter aber sagte gar nichts. Er sah, daß die Sonne vom Himmel verschwunden war und wie es unter den Bäumen finster wurde. Da beeilte er sich, stellte sein Dreirad in den Schuppen und lief zur Mutter, die vor der Haustür wartete.

„Gehen wir ins Haus", sagte er.

„Gleich", antwortete die Mutter, „wir wollen noch auf die anderen warten."

Nach kurzer Zeit kamen sie, und alle gingen nun ins Haus. Peter drehte das Licht an. Zuerst im Hausflur, dann im Treppenhaus, dann im Kinderzimmer. Überall, wo er hinging, drehte er das Licht an. Dann wurde gebadet und gegessen, Vater und Mutter mußten noch Geschichten erzählen, und nach dem Gutenachtkuß krochen sie in die Betten.

Zuerst drehte Vater im Zimmer der Mädchen das Licht aus und sagte: „Gute Nacht, ihr beiden!"

„Gute Nacht", antworteten Judith und Barbara.

Dann drehte Vater das Licht im Bubenzimmer aus. „Gute Nacht, ihr Lauser!"

„Gute Nacht", erwiderten David und Michael.

Dann kam Vater in Peters Zimmer; Peter hatte ein kleines Zimmer für sich allein. Er lag im Bett, zugedeckt bis ans Kinn.

„Vati, bitte mach das Licht nicht aus!" bat er verzagt.

Der Vater war erstaunt. „Warum, Peter", fragte er, „warum soll ich das Licht nicht ausdrehen?"

„Weil ich nicht will, daß das Dunkel in mein Zimmer kommt", antwortete Peter. Er sprach so leise, daß der Vater ihn kaum verstehen konnte.

„Aber Peter, hast du denn Angst vor der Dunkelheit?" fragte er.

„Ja!" flüsterte Peter ganz, ganz leise.

Vater setzte sich auf einen Stuhl neben dem Bett, dachte einen Augenblick nach und sagte: „Paß auf, Peter! Als ich noch ein kleiner Junge war wie du, hatte ich auch Angst vor der Dunkelheit."

„Und jetzt, jetzt hast du keine Angst mehr?" fragte Peter.

„Nein", antwortete der Vater, „jetzt brauche ich keine Angst mehr zu haben. Ich weiß, was das Dunkel ist."

„Was ist es denn?" fragte Peter.

„Die Sonne geht weg, damit wir ruhig schlafen können", sagte der Vater.

„Wenn die Sonne nicht wegginge, dann könnten wir nicht schlafen, weil es zu hell wäre. Wenn wir nicht schlafen könnten, dann könnten wir auch nicht spielen und arbeiten, weil wir zu müde wären. Auch die Tiere und Pflanzen wären zu müde und könnten nicht wachsen. Deshalb geht die Sonne jeden Tag fort und läßt uns im Dunkel schlafen."

„Und das ist alles?" fragte Peter.

„Das ist alles", erwiderte der Vater. „Soll ich jetzt das Licht ausdrehen?"

„Ja", sagte Peter und schlief gleich ein. Und die gute, stille Dunkelheit hüllte ihn ein.

Else Holmelund Minarik

Was der kleine Bär sich wünscht

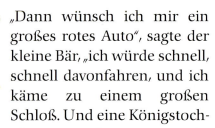

„Kleiner Bär!" sagte Mutter Bär.

„Ja, Mutter?" fragte der kleine Bär.

„Schläfst du noch nicht?" fragte Mutter Bär.

„Nein, Mutter", sagte der kleine Bär, „ich kann nicht schlafen."

„Warum nicht?" fragte Mutter Bär.

„Ich bin am Wünschen", antwortete der kleine Bär.

„Was willst du dir denn wünschen?" fragte Mutter Bär.

„Ich möchte auf einer Wolke sitzen und überall herumfliegen", sagte der kleine Bär.

„Das kannst du dir nicht wünschen, mein kleiner Bär", antwortete Mutter Bär.

„Dann wünsche ich mir, daß ein Meerschiff kommt", sagte der kleine Bär, und daß die Leute auf dem Schiff sagen: Komm herauf, komm herauf! Wir fahren los! Komm mit! Komm mit!"

„Das kannst du dir nicht wünschen, mein kleiner Bär", sagte Mutter Bär.

„Dann möchte ich einen Tunnel finden, der bis nach China geht", sagte der kleine Bär, „dann würde ich für dich nach China laufen und Eßstäbchen nach Hause bringen."

„Das kannst du dir nicht wünschen, mein kleiner Bär", sagte Mutter Bär.

„Dann wünsch ich mir ein großes rotes Auto", sagte der kleine Bär, „ich würde schnell, schnell davonfahren, und ich käme zu einem großen Schloß. Und eine Königstochter käme heraus und sagte zu mir: ‚Willst du ein Stück Kuchen haben, kleiner Bär?' Und ich würde ein Stück Kuchen essen."

„Das kannst du dir nicht wünschen, mein kleiner Bär", sagte Mutter Bär.

Da sagte der kleine Bär: „Dann wünsch ich, daß eine Mutter Bär zu mir kommt und sagt: ‚Soll ich dir eine Geschichte erzählen?'"

„Gut", sagte Mutter Bär, „das kannst du dir wünschen. Das ist ein kleiner Wunsch."

„Danke, Mutter", sagte der kleine Bär, „eine Geschichte wünsch ich mir schon so lange."

„Und was für eine Geschichte möchtest du hören?" fragte Mutter Bär.

„Erzähl mir etwas von mir", sagte der kleine Bär. „Erzähl mir, was ich früher alles gemacht habe."

„Gut", sagte Mutter Bär, „einmal hast du im Schnee gespielt, und du wolltest etwas haben zum Anziehen."

„O ja, das war lustig", sagte der kleine Bär. „Erzähl mir noch etwas von mir."

„Gut", sagte Mutter Bär, „einmal hast du

einen Fliegerhelm aufgesetzt und hast Mondfahrer gespielt."

„Das war auch lustig", sagte der kleine Bär. „Erzähl mir noch mehr von mir."

„Gut", sagte Mutter Bär, „einmal hast du gemeint, du bekämst keinen Geburtstagskuchen, da hast du eine Geburtstagssuppe gemacht."

„Oh, das war lustig", rief der kleine Bär, „und dann bist du mit dem Kuchen gekommen. Du tust immer etwas Liebes für mich."

„Und jetzt", sagte Mutter Bär, „kannst du auch etwas Liebes für mich tun."

„Was denn?" fragte der kleine Bär.

„Du kannst jetzt schön schlafen", sagte Mutter Bär.

„Also gut, dann schlafe ich", sagte der kleine Bär, „gute Nacht, liebe Mutter."

„Gute Nacht, mein kleiner Bär. Schlaf gut."

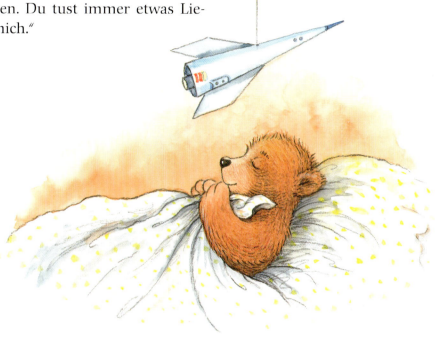

Hans Stempel und Martin Ripkens

Pst!

Leiser noch als leise
zieht die Nacht herauf.
Träume gehen auf die Reise,
Weltraumschiffe drehen Kreise,
und der Mond nimmt seinen Lauf,
leiser noch als leise.

Jill Tomlinson

Dunkelheit ist herrlich

Platsch war eine kleine, männliche Schleiereule. Er lebte mit seiner Mama und seinem Papa auf der Spitze eines mächtigen Baumes, der auf einer Wiese stand.
Platsch war dick und flaumig. Er hatte einen wunderschönen, herzförmigen Gesichtsschleier und riesige, runde Augen. Er hatte ziemliche X-Beine.
Tatsächlich war er genauso wie alle anderen Schleiereulen-Küken jemals zuvor. Nur in einem einzigen Punkt unterschied er sich.
Platsch hatte Angst vor der Dunkelheit ...
In dieser Geschichte erfährt Platsch, wie herrlich die Dunkelheit sein kann.

„Das war prima", sagte Platsch, als er verschlungen hatte, was ihm sein Vater gebracht hatte. „Was war das?"
„Eine Spitzmaus", sagte sein Vater.
„Spitzmaus mag ich", sagte Platsch. „Was gibt es als nächstes?"
„Eine kleine Pause", sagte Frau Schleiereule. „Laß deinen armen Papa verschnaufen."
„Na gut", sagte Platsch. „Aber beeil dich, Papa! Spitzmäuse schmecken prima, bloß sehr groß sind sie nicht. Die von eben ist jetzt ganz einsam so allein am Boden meines Magens. Sie braucht Gesellschaft."
„Ich glaube nicht, daß dein Magen einen Boden hat", sagte sein Vater. „Er wird nie voll, da kann ich hineinstecken, soviel ich will. Am besten mache ich mich wieder auf die Jagd nach weiteren Dingen, die man in dieses Faß ohne Boden stopfen kann."
„Dafür sind Väter da", sagte Platsch. „Hättest du nicht auch Lust, auf Jagd zu gehen, Mama? Das wäre eine schöne Abwechslung für dich."
„Vielen herzlichen Dank", sagte Frau Schleiereule. „Was du doch in Wirklichkeit damit sagen willst, ist, daß du dann zwischen den einzelnen Gängen nicht so lange warten mußt! Aber natürlich gehe ich, wenn es dir nichts ausmacht, allein hierzubleiben."
„Warum kommst du nicht mit?" fragte sein Vater. „Dann brauchst du überhaupt nicht zu warten."
Platsch beäugte die gruselige Dunkelheit ringsum. „Nein, danke, Papa", sagte er. „Ich muß mich wieder erinnern."
„Alles klar", sagte Herr Schleiereule. „Bist du soweit, meine Liebe?"
Platschs Eltern flogen Seite an Seite davon, und ihre mächtigen weißen Flügel berührten sich fast. Platsch saß vor dem Nestloch und sah zu, wie sie in der Dunkelheit schwebten, bis sie miteinander verschmolzen und schließlich vollkommen verschwunden waren. Das dauerte ziemlich lange, denn gerade kamen die Sterne heraus, und in ihrem

Licht konnte Platsch mit seinen Eulenaugen weit sehen.

Ihm fiel ein, daß seine Mutter gesagt hatte, die Dunkelheit sei nicht schwarz. Heute nacht war sie tatsächlich nicht schwarz. Sie war eher nebelgrau, und der Himmel war über und über mit winzigen Sternen betupft.

„Verflixt!" erklang von irgendwoher unter Platsch eine Stimme.

Platsch fuhr zusammen und starrte durch die Blätter hinunter. Da stand ein Mann, der irgendeinen Apparat vor sich aufgebaut hatte, und er schaute mit finsterer Miene zu der Wolke hinauf, die sich vor den Mond geschoben hatte. Was tat er da?

Platsch machte die Augen zu, holte tief Luft und ließ sich von seinem Ast fallen. Er schoß durch die Luft wie ein weißer Strich und landete mit einem leisen Plumpser.

„Ach du mein Schreck!" rief der Mann. „Eine Sternschnuppe!"

„In Wirklichkeit bin ich eine Schleiereule", sagte die Sternschnuppe. „Was ist das, was du da hast?"

„Ein Fernrohr", sagte der Mann. „Eine Schleiereule bist du, sagst du? So, so. Ich dachte, du wärst ein Meteor. Wie geht's?"

„Wo soll ich hingehen?" fragte Platsch.

„Ach – du weißt doch, was ich meine. Wie fühlst du dich?"

„Hungrig", sagte Platsch. „Ich dachte, du hättest gesagt, ich sei eine Sternschnuppe. Und jetzt sagst du, ich sei ein Meteor."

„Ein Meteor *ist* eine Sternschnuppe."

„Oh", sagte Platsch. „Und wofür ist der Fernseher?"

„Fernrohr. Um Dinge wie Sterne und Planeten damit zu betrachten."

„Ooh! Darf ich bitte auch mal?"

„Natürlich", sagte der Mann. „Aber ich fürchte, daß die Nacht heute nicht sehr dafür geeignet ist. Es ist zu wolkig."

„Ich mag Dunkelheit nicht sonderlich gern", sagte Platsch.

„Wirklich?" fragte der Mann. „Sehr eigenartig. Da verpaßt du doch eine Menge. *Dunkelheit ist herrlich.*"

„Erklär mir das", sagte Platsch. „Bitte."

„Ich mache noch etwas Besseres – ich zeige es dir", sagte der Mann. „Komm und leg dein Auge – nein, nein! An *dieses* Ende!"

Platsch war hochgehüpft, trippelte über das Fernrohr und schaute jetzt rückwärts zwischen seinen Beinen hindurch zum falschen Ende hinein.

„Ich sehe nichts", sagte er.

„Das überrascht mich nicht", sagte der Mann. „Versuch es mal an diesem Ende!"

Wacklig überquerte Platsch das Fernrohr noch einmal. Dann ließ ihn der Mann auf seinem Handgelenk sitzen, damit sich sein Auge auf derselben Höhe befand wie die Linse.

„Siehst du jetzt etwas?"

„O ja", sagte Platsch. „Das Fernrohr macht, daß alles näher kommt, hab ich recht? Ich sehe einen ganz, ganz hellen Stern. Er muß ganz in der Nähe sein."

„Ja – er ist nur vierundfünfzig Millionen Millionen Meilen entfernt."

„Millionen ... Millionen ...!" keuchte Platsch.

„Ja. Das ist der Sirius, der Hundsstern. Du hast ganz recht – er ist einer der nächsten."

Offensichtlich waren Millionen Millionen Meilen für den Mann mit dem Fernrohr gar nichts.

„Warum nennt man ihn den Hundsstern?" fragte Platsch.

„Weil er zu Orion, dem Sternbild des großen Jägers, gehört. Schau! Da ist es. Siehst du die drei nahe beieinanderliegenden Sterne?"

Platsch zog den Kopf vom Fernrohr zurück und blinzelte.

„Kann ich das andere Auge nehmen?" fragte er. „Das da wird langsam sehr müde."

„Ja, natürlich. So – schau mal, ob du den Orion finden kannst."

„Hast du gesagt, da wären drei Sterne eng beieinander?"

„Ja – das ist sein Gürtel."

„Und dahinter sind ein paar schwächere Sterne?"

„Ja – das ist sein Schwert."

„Ich hab ihn!" schrie Platsch. „Ich habe Orion, den großen Jäger, gefunden. Ich wußte nie, daß Sterne Namen haben. Zeig mir noch mehr."

„Tja, mal sehen, ob wir den Polarstern finden. Momentchen – dafür muß ich das Fernrohr in die andere Richtung drehen."

Platsch saß obendrauf und fuhr mit, und dann zeigte ihm der Mann, wie man den Großen Wagen und die beiden Sterne fand, die geradewegs hinauf zum Polarstern weisen.

„Der ist auch ziemlich hell, was?" fragte Platsch.

„Ja. Schau! Jetzt, wo du den Polarstern finden kannst, wirst du dich nie mehr verirren, denn er steht genau über dem

Nordpol. Also weißt du für alle Zeiten, wo Norden ist."

„Ist das wichtig?" fragte Platsch.

„Sehr", sagte der Mann. „Ach du mein Schreck! Was war denn das?" Ein schauriger, langgezogener Schrei hatte die Stille der Nacht durchschnitten.

„Oje. Ich vermute, das ist mein Vater", sagte Platsch. Sie schauten nach oben. Eine gespenstische, weißliche Gestalt kreiste über ihnen. „Ja, das ist er. Ich sage ihm wohl besser, daß ich hier bin. Iiiiiik!"

„Oh!" rief der Mann und fuhr zusammen. „Du solltest die Leute warnen, bevor du so etwas machst. Weißt du, ich habe mich oft gefragt, was das für ein Schrei ist. Von jetzt an weiß ich, daß das nur du sein kannst oder dein Vater."

„Oder meine Mutter", sagte Platsch. „Ich muß jetzt wirklich gehen. Vielen, vielen herzlichen Dank, daß du mir das mit den Sternen erklärt hast." Er hüpfte ein Stück auf dem Fernrohr nach oben und machte seine komische kleine Verbeugung. „Auf Wiedersehen."

„Auf Wiedersehen, Meister Schleiereule. Ein schönes Sterngucken wünsche ich dir!"

Platsch flog hinauf an die Seite seines Vaters, und zusammen landeten sie auf dem Landeast.

„Nun?" sagte Platschs Mutter.

„Der Mann mit dem Fernrohr sagt, *Dunkelheit ist herrlich*, und er nannte mich ‚Meister Schleiereule', und..."

„Und was meinst du, Platsch?"

„Ich weiß, was *ich* meine", sagte Herr Schleiereule, ohne Platsch Gelegenheit zu einer Antwort zu geben. „Ich finde es ein bißchen unverschämt, daß Meister Schleiereule seine armen Eltern äußerst dringlich auf Futtersuche schickt und es dann nicht einmal für nötig hält, zu Hause zu sein, wenn sie wiederkommen. Ich dachte, du wärst am Verhungern?"

„Bin ich auch", sagte Platsch. „Aber wußtest du, daß der Hundsstern vierundfünfzig Millionen Millionen Meilen entfernt ist..."

„Willst du jetzt dein Abendessen oder willst du es nicht?" fragte Herr Schleiereule.

„O ja!" sagte Platsch. Er verschlang das, was ihm sein Vater gebracht hatte. Und er verschlang das, was ihm seine Mutter gebracht hatte, und nicht nur, daß er sich nicht erkundigte, was er eben gefressen hatte, nein, er fragte nicht einmal: „Was gibt es als nächstes?"

Was er sagte, war: „Papa, weißt du, wie du den Polarstern finden kannst? Soll ich es dir zeigen?"

„Ich bitte darum", sagte Herr Schleiereule und schenkte seiner Frau ein langgezogenes Blinzeln. „Alles, was dich derart von deinem Magen ablenkt, muß es einfach wert sein, gesehen zu werden!"

Platsch gab keine Ruhe – und auch seine Eltern bekamen keine –, bevor er sich nicht einigermaßen davon überzeugt hatte, daß sie alle Sterne erkannten, die ihm der Mann mit dem Fernrohr gezeigt hatte.

Um vier Uhr morgens war er immer noch dabei.

„Bist du sicher, daß du das mit dem Polarstern jetzt verstanden hast?" fragte er seine Mutter, die ihm ein bißchen begriffsstutzig vorkam.

„Ich glaube schon, Schatz", gähnte Frau Schleiereule. „Man muß das Ding finden, das wie ein großer Wagen aussieht, das aber in Wirklichkeit ein großer Bär ist – oder ist es ein kleiner? – und der Polarstern ist – äh – in der Nähe vom Nordstern."

„Der Polarstern *ist* der Nordstern", sagte Platsch ungeduldig. „Und die beiden Sterne, die vorne am Großen Wagen stehen, deuten auf ihn. Ich finde, du gibst dir keine Mühe. Du hast nicht zugehört."

„Doch, haben wir", sagte Herr Schleiereule. „Wir haben stundenlang zugehört. Ich glaube, daß Mama vielleicht einfach ein bißchen müde ist..."

„Ihr müßt doch wissen, wie man den Polarstern findet", sagte Platsch. „Sonst verirrt ihr euch vielleicht."

„Ich verirre mich nie", sagte sein Vater entrüstet. „Und deine Mutter auch nicht. Sei jetzt ein guter Junge und geh in dein Nestloch. Ich will mal sehen, ob ich etwas Gutes für dein Nachtessen finde. Du kannst es ausnahmsweise im Bett fressen, hmm?"

„Na gut", sagte Platsch. „Aber ich finde wirklich, daß ihr über diese Dinge Bescheid wissen müßtet. Ich muß morgen noch mal versuchen, es euch zu erklären."

Herr Schleiereule drehte sich entsetzt zu seiner Frau um. „Nein! Nicht noch einmal! Das halte ich nicht aus!"

„Mach dir nichts draus, Lieber", sagte Frau Schleiereule besänftigend. „Dafür mußtest du heute nacht längst nicht soviel jagen wie sonst."

„Ich bin nicht so sicher, ob diese Sternguckerei nicht viel ermüdender ist, als das Faß ohne Boden vollzustopfen!" stöhnte Herr Schleiereule.
„Ach ja, Papa." Platsch streckte den Kopf aus dem Nestloch. „Habe ich dir von Orion erzählt? Orion ist der große Jäger, und – oh, Papa ist weg!"
„Ja, Schatz, er muß seine Jagd zu Ende bringen, bevor es hell wird", sagte seine Mutter. „Jetzt geh wieder hinein – und daß du dich ordentlich hinter den Ohren putzt! Ich komme in einer Minute und kontrolliere."
Also fraß Platsch sein Nachtessen im Bett.
Und dann schlief er den ganzen Tag wie ein richtiger Nachtvogel.

Nortrud Boge-Erli

Tief in meinem Kuschelnest

1. A-bends kriech ich wie die Schnek-ke tief in mei-ne Fe-der-dek-ke. Was ich mir al-lein aus-hek-ke, wenn ich mich dort ganz ver-stek-ke, weiß nur ich, nur ich al-lein, es soll mein Ge-heim-nis sein.

2. Tief in meinem Kuschelnest
   denk ich, was sich denken läßt.
   Stimmenklang und Wörterrest,
   Lachen auch vom Kinderfest
   hör nur ich, nur ich allein,
   es soll mein Geheimnis sein.

3. Bilder tanzen wie gedruckt,
   Fernsehn hat sie ausgespuckt,
   von Verbrechern was geguckt,
   sprech und spiel, was ich geschluckt.
   Spiel und sprech für mich allein,
   es soll mein Geheimnis sein.

4. Träume schleichen katzensacht
   tief in meine Kuschelnacht.
   Alles ist jetzt ausgedacht,
   hab die Augen zugemacht.
   Mama kommt zu mir herein,
   schmus mit ihr, dann schlaf ich ein.

Melodie: Dorothée Kreusch-Jacob

Franz S. Sklenitzka

Iglu-Geschichte

„Deck dich gut zu", sagt der Vater zu Paul. „Ich muß noch kurz lüften!"

Paul verkriecht sich unter der dicken, weichen Decke, bis nichts mehr von ihm zu sehen ist. Der Vater öffnet das Fenster. Draußen heult und pfeift der Wind. Er treibt ein paar Schneeflocken ins Zimmer.

„Du hast es gut!" sagt der Vater zu Paul. „Du in deinem Iglu. Dir kann der Wind nichts anhaben!"

Die Decke wird ein wenig angehoben. „Ein Iglu?" fragt Paul.

„Na klar", sagt Papa. „Ein Schneehaus. Hier, wo dein Kopf jetzt rausguckt, ist eine kleine Öffnung in der Schneemauer."

„Damit du die Kakaotasse reinschieben kannst", sagt Paul.

„Kakao gibt es heute nicht. Du bekommst Lebertran."

„Lebertran? Wieso denn das?"

„Lebertran", erklärt Papa, „mußte ich immer schlucken, als ich noch ein junger Eskimo war."

„Und wie schmeckt er?"

„Scheußlich", sagt Papa. „So ähnlich wie Speiseöl. Aber angeblich ist Lebertran sehr gesund."

Dann kommt Papa doch mit einer Tasse Kakao und einem Trinkhalm. „In diesem kleinen Laden gibt es nicht einmal Lebertran", sagt er. „Darum bringe ich dir heute warmen Kakao. Ausnahmsweise."

„Macht nichts", antwortet Paul und steckt den Trinkhalm in den Mund.

„Gute Nacht, junger Eskimo!" sagt Papa, als Paul ausgetrunken hat. „Schlaf gut und träum was Schönes!"

„Was denn?"

„Vom Lachsfischen im Kajak. Von der Rentierjagd. Und vom Schlittenhunderennen."

„Wo sind denn meine Schlittenhunde?" fragt Paul.

Papa bückt sich und holt drei Stofftiere hervor. „Hier sind sie. Der eine sieht zwar ein bißchen wie ein Elch aus und der zweite wie ein Teddybär, aber dem dritten merkt man schon von weitem an, daß er ein echter Schlittenhund ist."

„Möchten die drei nicht in mein Iglu?"

„O doch", sagt Papa. „Und wenn du mich fragst: Ich würde sie auf jeden Fall reinlassen! Die Nacht kann sehr kalt werden. Dann wirst du froh sein, wenn sie bei dir sind und dich wärmen."

„Okay", sagt Paul. „Schick sie rein!"

Die Schlittenhunde drängen durch den kleinen Eingang. Sie springen an Paul hoch und begrüßen ihn stürmisch.

„Schon gut", wehrt Paul ab. „Platz! Legt euch schlafen!"

Der Vater schließt das Fenster.

„Und du?" fragt Paul. „Willst du nicht auch in mein Iglu?"

Papa möchte schon. Es ist lange her, daß er in einem Iglu war. Also macht er sich ganz klein und kriecht durch den Eingang in Pauls Schneehütte.
„Jetzt müssen wir uns nach Eskimoart begrüßen", sagt Papa.
„Wie geht das?"
„Wir müssen unsere Nasen aneinanderreiben."
Das Nasenreiben macht Spaß. Paul reibt seine kleine warme Nase an Papas großer kalter Nase, bis Papas große kalte Nase etwas wärmer geworden ist. Dann rollt sich Paul zusammen und schließt die Augen. Draußen heult und pfeift der Wind. Im Iglu ist es gemütlich. Sehr gemütlich, denkt Paul und drückt die Schlittenhunde fest an sich.

Papa fühlt sich allerdings mit der Zeit etwas beengt. Leise zieht er sich zurück.
„Wohin gehst du?" fragt Paul schläfrig.
„Ich baue mir jetzt ein eigenes Iglu."
„Soll ich dir helfen?" fragt Paul und ist auf einmal wieder hellwach.
„Danke! Das schaffe ich schon allein."
„Halt! Du hast dich noch nicht auf Eskimoart von mir verabschiedet."
Papa ist sich nicht sicher, ob sich die Eskimos auch durch Nasenreiben verabschieden. Möglich wäre es. Also reiben der alte und der junge Eskimo noch einmal ihre Nasen kräftig aneinander, bis sie ganz, ganz heiß sind.
„Mit so einer heißen Nase", sagt Papa, „läßt sich die kälteste Nacht überstehen."

Fredrik Vahle

Schlaflied für Anne

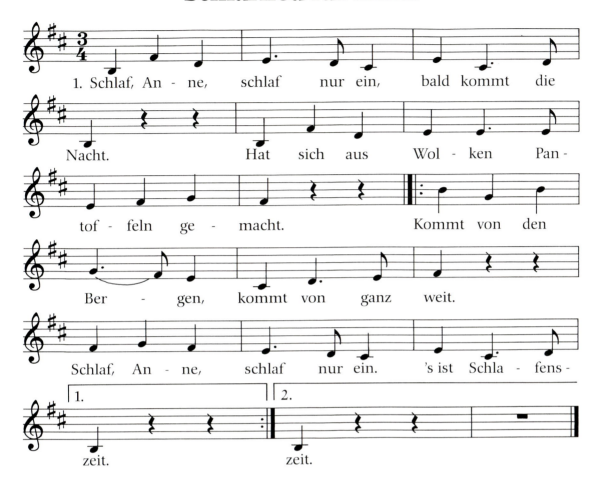

2. Schlaf, Anne, schlaf nur ein,
bald kommt der Mond,
der draußen hinter den Birnbäumen wohnt,
einer davon kitzelt ihn sanft am Kinn.
Lächelt der Mond
und zieht leise dahin.

3. Schlaf, Anne, schlaf nur ein,
bald kommt ein Traum.
Schlupft dir zum Ohr hinein,
merkst ihn erst kaum,
fährst auf dem Traumschiff
ans Ende der Nacht,
bis dir der Morgen die Augen
aufmacht.

Melodie: trad., Fredrik Vahle

Achim Bröger

Moritz und sein Vater können nicht einschlafen

Die Mutter von Moritz ist mit der Eisenbahn zu einer Freundin gefahren. Und deswegen hat heute der Vater die Einschlafgeschichten vorgelesen.

Danach liegt der kleine Moritz hellwach und alleine in seinem dunklen Zimmer und denkt über die Geschichten nach. In einer ist ein Männchen vorgekommen. Wie hat das geheißen?
Da klopft's am Fenster. Moritz steht auf und öffnet es.
„Du willst wissen, wie ich heiße?" fragt ein kleines Männchen, das auf der obersten Sprosse einer Leiter steht und höflich seine Zipfelmütze zieht. „Mein Name ist Sandmann."
„Schön, daß du vorbeikommst", sagt Moritz und freut sich. Das Männchen streicht sich durch den langen Bart und klettert über das Fensterbrett ins Zimmer. Nicht mal so groß wie Moritz ist es. Es hat einen grauen Kittel an und eine dicke Brille vor den Augen.
„Da ist wohl der Schlafsand drin?" erkundigt sich Moritz und zeigt auf den Sack, den der Sandmann in die Ecke stellt.
„Das ist bloß der ganz feine Sand", erklärt er. „Unten liegen noch drei Säcke mit anderen Sorten. Die hole ich jetzt, sonst klaut sie einer."
„Ich helfe dir", sagt der kleine Moritz und zieht seine Hausschuhe an.
„Psst", macht der Sandmann. „Wir müssen leise sein, denn der Schlaf soll heimlich gebracht werden." Er schleppt den Sand die Leiter hoch. Moritz stellt die vier Säcke auf den Fußboden und fragt: „Warum brauchst du unterschiedlichen Sand?"
„In diesem Sack ist der für den normalen Schlaf", erklärt das Männchen und wischt sich den Schweiß von der Stirn. „Links und rechts ein Sandkorn ins Auge, und man schläft normalerweise ein. Bei manchen Menschen muß ich allerdings zwei oder drei Sandkörner nehmen. Daneben liegt der Sand für Leute, die nur sehr schwer einschlafen. Dicker, körniger Sand ist das. Sollte auch das nichts nützen, gibt's noch dickeren, dunkleren Sand aus diesem Sack. Und in dem stecken ein paar besondere Dinge. So … und jetzt kommt gleich dein Vater dran, mein schwierigster Fall. Er ist nämlich nicht gewohnt, ohne deine Mutter zu schlafen. Und deswegen bleibt er einfach wach."
Wie Einbrecher schleichen die beiden über den Flur und schleppen kleine Sandsäcke. Heimlich, ganz heimlich öffnet der Sandmann die Schlafzimmer-

tür. „Warte hier", flüstert er und läßt sie einen Spalt offen. Mit einigen feinen Sandkörnern huscht das Männchen durchs Schlafzimmer zum Bett. Moritz sieht das alles ganz genau. Und dann hört er seinen Vater fragen: „Was soll denn das? Was machst du an meinen Augen? Bist du's, kleiner Moritz?"
„Nein", flüstert das Männchen. „Ich bin's, der Sandmann. Warum schlafen Sie denn immer noch nicht? Sie wissen doch genau, daß Sie morgen sehr früh aufstehen müssen."
„Sie haben recht, Herr Sandmann", gibt der große Moritz zu. „Ich müßte schlafen, aber ich kann nicht."
„Nur keine Aufregung", flüstert der Sandmann mit leiser, freundlicher Stimme. „Ich hole Spezialsand."
Das Männchen huscht zum kleinen Moritz und sagt: „Gib mir bitte eine Handvoll von den dickeren Sandkörnern." Und schon ist er wieder im Schlafzimmer.
„So", hört ihn der kleine Moritz wispern, „jetzt ein paar Körner ins linke Auge und rechts auch ein paar. Schön stillhalten! Schon erledigt. Na, werden wir müde?"

„Überhaupt nicht", antwortet der große Moritz. „Ist auch kein Wunder. Man kann ja nicht schlafen, wenn dauernd ein Fremder mit Sand durchs Schlafzimmer rennt."
Einen Augenblick ist der Sandmann still. Dann sagt er etwas beleidigt: „Ich bringe Schlaf. Sie sollten mir dafür dankbar sein." Mit seiner kleinen Taschenlampe leuchtet er den großen Moritz an.

„Sie blenden mich", sagt der.
„Gleich werden Sie schlafen", verspricht das Männchen und rennt auf den Flur hinaus zum kleinen Moritz.
„Dein Vater ist ein harter Brocken", stöhnt er ihm ins Ohr. „Gib mir den stärksten Sand."
„Stillhalten", hört der kleine Moritz gleich darauf aus dem Schlafzimmer. „Schön die Augen schließen! Und jetzt wollen wir einschlafen, Herr Moritz."
„Ich will schon. Aber ich krieg nicht mal die Augen zu", beklagt sich der große Moritz. „Der Sand drückt. Die Körner sind zu groß. Lassen Sie mich bitte in

Ruhe, Herr Sandmann. Sie haben mir schon fast einen Sack Sand ins Gesicht geschüttet. Und was hat es genützt?"
„Nichts", gibt der Sandmann zu und leuchtet den großen Moritz noch mal an. Aufrecht, hellwach und mit verwuschelten Haaren sitzt er in seinem Bett. Der kleine Moritz sieht seinen Vater deutlich durch den Türspalt.
„Ich muß weitermachen, Herr Moritz", sagt der Sandmann. „Hier steht es. Dienstanweisung für Sandmänner... Man darf den Schläfer erst dann verlassen, wenn er wirklich tief und fest schläft. Schlafen Sie tief und fest?"
„Nein", sagt der große Moritz, „leider nicht." Da rennt das Männchen zum kleinen Moritz und holt eine Spraydose aus dem vierten Sack. „Die praktische Sprayflasche mit Superschlafschaum", flüstert es ihm ins Ohr. Schon verschwindet es wieder im Schlafzimmer. „Sooo", sagt es leise. „Hier haben wir was ganz Tolles. Das werde ich Ihnen jetzt schön in die Augen sprühen..."
„Kommt nicht in Frage", protestiert der große Moritz. „Ich laß mir auf keinen Fall irgendwelches Zeug in die Augen sprühen."
Das Männchen wird immer aufgeregter, denn es hat keine Zeit mehr. Es verlangt jetzt: „Sie sollen endlich schlafen!"
„Gerne", sagt der große Moritz, „aber vorher muß ich mein Bett machen. Da liegen nämlich Unmengen von Sand drin, die ein gewisser Herr Sandmann verstreut hat. Das knirscht, als hätte ich einen Zentner Kekse im Bett zerkrümelt."

Der Sandmann zieht die Schlafzimmertür zu und flüstert Moritz ins Ohr: „Morgen lasse ich mich in eine andere Straße versetzen. Dein Vater raubt mir nämlich den letzten Nerv."
Betrübt setzt er sich auf einen Sandsack. Dann sagt er mit müder Stimme: „Ich bin bestimmt ein tüchtiger Sandmann. Ich habe schwachen, starken und sehr starken Sand genommen. Ich habe deinem Vater gut zugeredet. Schlafspray will er nicht. Mir fällt nichts mehr ein."
Gähnend sitzt der Sandmann im dunklen Flur. Und dann sinkt ihm ganz plötzlich der Kopf auf die Brust. „Nicht einschlafen", flüstert der kleine Moritz noch und stupst ihn. Aber der Sandmann sitzt auf einem Sandsack und schnarcht leise vor sich hin.
Moritz schleppt den müden kleinen Mann in sein Zimmer. Dort legt er ihn ins Bett und deckt ihn zu. Dann geht er ins Schlafzimmer. „Du", sagt der kleine Moritz zum großen ins dunkle Zimmer. „Was ist denn?" fragt der große Moritz.
„Ich kann nicht einschlafen."
Zuerst antwortet der große Moritz nicht. Dann sagt er: „Ich auch nicht. Ich stehe noch mal auf und trinke eine Flasche Bier. Komm mit in die Küche."
Die beiden setzen sich an den Küchentisch. Der große Moritz schenkt Bier ein, und der kleine leckt Schaum ab.
„Und jetzt rufen wir sie an", schlägt der große Moritz vor.
Der kleine Moritz weiß sofort, wen sie anrufen wollen. Gleich darauf hört er die Stimme seiner Mutter, die in einer anderen Wohnung am Telefon steht.

„Ich bin's", meldet sich der kleine Moritz. „Warum schläfst du denn nicht?" fragt sie.
„Ich kann nicht", antwortet er. „Und der große Moritz ist auch noch wach. Der ist nämlich nicht gewohnt, alleine zu schlafen. Deswegen lege ich mich nachher zu ihm ins Bett. In meinem schläft der Sandmann. Der ist sehr müde, weil er sich beim großen Moritz so anstrengen mußte."
„Am liebsten würde ich mich in den Zug setzen, nach Hause fahren und mich zu euch legen", sagt seine Mutter ins Telefon. „Ich kann nämlich auch nicht einschlafen."
Jetzt sagt der große Moritz noch einiges. Dann ist es still im Flur, wo das Telefon steht. Und die zwei Moritze legen sich ins Bett.
„Gute Nacht", wünscht der kleine, „und nicht vergessen, morgen früh mußt du den Sandmann wecken, damit er nicht verschläft."
„Mach ich", sagt sein Vater. „Schlaf gut."
Der kleine Moritz faßt den großen an der Hand. Und bevor er noch etwas erzählen kann, ist er eingeschlafen.

Christa Zeuch

Also tschüß und gute Nacht

Geht ihr jetzt?
Kommt ihr bald?
Kann ich noch was trinken?
Muß noch mal.
Mir ist kalt.
Darf ich euch noch winken?

Laßt die Türe angelehnt.
Bleibt im Flur die Lampe brennen?
Weil – wie soll ich sonst im Dunkeln
meine Armbanduhr erkennen?

Geht ihr jetzt?
Wird es spät?
Setzt euch noch ein bißchen.
Bringt was mit!
Wenn ihr geht,
krieg ich noch ein Küßchen?

Hast du dir die Clowngeschichte,
Papa, selber ausgedacht?
Was ich euch noch sagen wollte:
Also tschüß und gute Nacht.

Geht ihr jetzt?
Fahrt ihr weit?
Wird euch nichts passieren?
Kann ich euch
jederzeit
hertelefonieren?

Was mein Kater Kasimir
heut für spitze Krallen macht!
Er und Bär und Krokodil
halten hinterm Fenster Wacht.

Alles still,
sind sie fort?
So, ich bin alleine.
Ich und Angst?
Ehrenwort,
ich hab wirklich keine.

Wenn es in den Wänden piept,
sind es bloß die Mäuschen.
Knarrt es an den Fensterläden,
streicht der Wind ums Häuschen.

Otfried Preußler

Sechshundertsiebenundachtzig Schafe

Es war einmal ein Schäfer, der zog mit seiner Schafherde über Land, von einem Dorf zum andern. Bei Tag weideten die Schafe auf den Bauernwiesen das Gras ab, und der Schäfer ging langsam hinterher und gab acht, daß die Tiere brav beisammenblieben.

Von Zeit zu Zeit stopfte er sich eine Pfeife und blies schöne blaue Rauchkringel in die Luft. Zu Mittag trieb er die Herde an einen Wassergraben oder einen Weiher zur Tränke. Dann zog er aus seiner ledernen Hirtentasche ein Stück Schwarzbrot und je nachdem einen Zipfel Pfefferwurst, ein paar Scheiben Speck oder einen Käse. Wenn er gegessen hatte, trank er aus der Feldflasche zwei Schluck Kümmel, breitete an einer windgeschützten Stelle den Mantel aus, legte sich darauf und hielt in aller Seelenruhe sein Mittagsschläfchen. Das konnte er sich ohne weiteres leisten, denn er hatte ja zwei Hunde bei der Herde, den Treff und den Treibauf, die in der Zwischenzeit dafür sorgten, daß keins von seinen sechshundertsiebenundachtzig Schafen verlorenging. Ja, sechshundertsiebenundachtzig Schafe hatte der Schäfer damals, und das sind eine ganze Menge.

Nach dem Mittagsschlaf zog der Schäfer mit seiner Herde weiter. Oft begegneten sie stundenlang keinem Menschen. Aber manchmal kamen sie unterwegs an die Landstraße, und dann mußten alle Fußgänger und Radfahrer, aber auch die Bauern auf ihren Leiterwagen und Zugmaschinen, die Frachter mit den schweren Lastzügen, die Omnibusse, die Personenwagen und sogar die feinen Herrschaften in den funkelnagelneuen Zweisitzern warten, bis der Schäfer mit seinen Hunden und allen sechshundertsiebenundachtzig Schafen die Landstraße überquert hatte.

Da wurden die Leute oft ungeduldig und riefen dem Schäfer zu: „Mann Gottes, geht das nicht ein bißchen schneller? Du hast wohl sehr viel Zeit?" Dann nickte der Schäfer freundlich und blies ein paar besonders schöne Rauchkringel in die Luft, denn er hatte wirklich sehr viel Zeit und konnte sich gar nicht erklären, weshalb sich die fremden Leute darüber aufregten.

Eines Tages aber geschah etwas Sonderbares. Da kam der Schäfer mit seiner Herde am späten Nachmittag unversehens an einen Bach. Der Bach war nicht übermäßig breit, aber so reißend und tief, daß die Schafe ihn nicht durchwaten konnten.

„Da müssen wir eben eine Brücke suchen", brummte der Schäfer. Er zog eine volle Stunde am Bach entlang, es wurde schon langsam dämmrig, aber von einer Brücke war nichts zu sehen. Endlich fand er am Ufer ein altes Brett. Das mochte wohl jemand vergessen haben.

„Sieh da", sagte der Schäfer, „da hätten wir ja, was wir brauchen!" Er legte das Brett über den Bach, und nun konnte er mit seinen sechshundertsiebenundachtzig Schafen hinüberziehen. Weil aber das Brett sehr schmal war, mußten die Tiere einzeln über den Steg gehen, und das nächste durfte ihn erst betreten, wenn das vorige bereits wieder festen Boden unter den Hufen hatte. Das war eine langwierige Geschichte, du mußt dir das vorstellen:

Als erster läuft Treff hinüber, dann Treibauf. Dann folgt ihnen zögernd und mißtrauisch der Leithammel. Wie er endlich drüben ist, treibt der Schäfer das nächste Schaf auf den Steg. Das braucht auch wieder eine ganze Weile, bevor es am andern Ufer ankommt, denn vorsichtig setzt es Schritt vor Schritt. Und so geht das nun weiter. Aber der Schäfer hat ja viel Zeit, er hat sehr viel Zeit. Geduldig schickt er ein Schaf nach dem anderen über das Brett, alle sechshundertsiebenundachtzig. Es ist unterdessen schon dunkel geworden, der Mond steht am Himmel, die Sterne blicken herunter, der Nebel steigt aus den Wiesen auf.

Nun müssen auch wir Geduld haben, du und ich. Denn ehe nicht alle sechshundertsiebenundachtzig Schafe den Bach überquert haben, geht die Geschichte nicht weiter. Du fragst mich, wie lang das dauert? Ich glaube, du kannst es dir ausrechnen! Wenn du die Augen zumachst und dir die sechshundertsiebenundachtzig Schafe vorstellst, wie sie der Reihe nach über das Brett ziehen, graue und weiße und schwarze, dann wirst du ja merken, wenn alle drüben sind. Aber verzähl dich nicht! Wenn du darüber einschlafen solltest, was tut es? Morgen ist auch ein Tag, und da werden wir sehen, wie die Geschichte weitergeht.

Paul Gerhardt

Nun ruhen alle Wälder

1. Nun ruhen alle Wälder, Vieh, Menschen, Städt und Felder, es schläft die ganze Welt. Ihr aber meine Sinnen, auf, auf, ihr sollt beginnen, was eurem Schöpfer wohl gefällt.

2. Der Tag ist nun vergangen,
   die güldnen Sternlein prangen
   am blauen Himmelssaal:
   also werd ich auch stehen,
   wenn mich wird heißen gehen
   mein Gott aus diesem Erdental.

3. Auch euch, ihr meine Lieben,
   soll heute nicht betrüben
   kein Unheil noch Gefahr!
   Gott laß euch ruhig schlafen,
   stell euch die güldnen Waffen
   ums Bett und seiner Engel Schar.

Melodie: Johann Sebastian Bach

Wolfgang Borchert

Abendlied

Warum, ach sag, warum
geht nun die Sonne fort?
Schlaf ein, mein Kind, und träume sacht,
das kommt wohl von der dunklen Nacht,
da geht die Sonne fort.

Warum, ach sag, warum
wird unsere Stadt so still?
Schlaf ein, mein Kind, und träume sacht,
das kommt wohl von der dunklen Nacht,
weil sie dann schlafen will.

Warum, ach sag, warum
brennt die Laterne so?
Schlaf ein, mein Kind, und träume sacht,
das kommt wohl von der dunklen Nacht,
da brennt sie lichterloh!

Warum, ach sag, warum
gehn manche Hand in Hand?
Schlaf ein, mein Kind, und träume sacht,
das kommt wohl von der dunklen Nacht,
da geht man Hand in Hand.

Warum, ach sag, warum
ist unser Herz so klein?
Schlaf ein, mein Kind, und träume sacht,
das kommt wohl von der dunklen Nacht,
da sind wir ganz allein.

Vom Mond und den Sternen

Brüder Grimm

Der Mond

Vorzeiten gab es ein Land, wo die Nacht immer dunkel und der Himmel wie ein schwarzes Tuch darübergebreitet war, denn es ging dort niemals der Mond auf, und kein Stern blinkte in der Finsternis. Bei Erschaffung der Welt hatte das nächtliche Licht nicht ausgereicht.

Aus diesem Land gingen einmal vier Burschen auf die Wanderschaft und gelangten in ein anderes Reich, wo abends, wenn die Sonne hinter den Bergen verschwunden war, auf einem Eichbaum eine leuchtende Kugel stand, die ein sanftes Licht ausgoß. Man konnte dabei alles wohl sehen, wenn es auch nicht so glänzend wie die Sonne war.

Die Wanderer standen still und fragten einen Bauer, der da mit seinem Wagen vorbeifuhr, was das für ein Licht sei.

„Das ist der Mond", antwortete dieser, „unser Schultheiß hat ihn für drei Taler gekauft und an dem Eichbaum befestigt. Er muß täglich Öl aufgießen und ihn rein erhalten, damit er immer hell brennt. Dafür erhält er von uns wöchentlich einen Taler."

Als der Bauer weggefahren war, sagte der eine von ihnen: „Diese Lampe könnten wir brauchen, wir haben daheim einen Eichbaum, der ebenso groß ist, daran können wir sie hängen. Was für eine Freude, wenn wir nachts nicht in der Finsternis herumtappen!"

„Wißt ihr was?" sprach der zweite, „wir wollen Wagen und Pferde holen und den Mond wegführen. Sie können sich hier einen andern kaufen."

„Ich kann gut klettern", sprach der dritte, „ich will ihn schon herunterholen."

Der vierte brachte einen Wagen mit Pferden herbei, und der dritte stieg den Baum hinauf, bohrte ein Loch in den Mond, zog ein Seil hindurch und ließ ihn herab.

Als die glänzende Kugel auf dem Wagen lag, deckten sie ein Tuch darüber, damit niemand den Raub bemerken sollte. Sie brachten ihn glücklich in ihr Land und stellten ihn auf eine hohe Eiche. Alte und Junge freuten sich, als die neue Lampe ihr Licht über alle Felder leuchten ließ und Stuben und Kammern damit erfüllte. Die Zwerge kamen aus den Felsenhöhlen hervor, und die kleinen Wichtelmänner tanzten in ihren roten Röckchen auf den Wiesen den Ringeltanz.

Die vier versorgten den Mond mit Öl, putzten den Docht und erhielten wöchentlich ihren Taler. Aber sie wurden alte Greise, und als der eine erkrankte und seinen Tod voraussah, verordnete er, daß der vierte Teil des Mondes als sein Eigentum ihm mit in das Grab gegeben werden sollte. Als er gestorben war, stieg der Schultheiß auf den Baum und schnitt mit der Heckenschere ein Viertel ab, das in den Sarg gelegt ward. Das Licht des Mondes nahm ab, aber noch nicht merklich.

Als der zweite starb, ward ihm das zweite Viertel mitgegeben, und das Licht minderte sich. Noch schwächer ward es nach dem Tod des dritten, der gleichfalls seinen Teil mitnahm, und als der vierte ins Grab kam, trat die alte Finsternis wieder ein. Wenn die Leute abends ohne Laterne ausgingen, stießen sie mit den Köpfen zusammen.

Als aber die Teile des Mondes in der Unterwelt sich wieder vereinigten, so wurden dort, wo immer Dunkelheit geherrscht hatte, die Toten unruhig und erwachten aus ihrem Schlaf. Sie erstaunten, als sie wieder sehen konnten: das Mondlicht war ihnen genug, denn ihre Augen waren so schwach geworden, daß sie den Glanz der Sonne nicht ertragen hätten. Sie erhoben sich, wurden lustig und nahmen ihre alte Lebensweise wieder an. Ein Teil ging zu Spiel und Tanz, andere liefen in die Wirtshäuser, wo sie Wein forderten, sich betranken, tobten und zankten und endlich ihre Knüttel aufhoben und sich prügelten. Der Lärm ward immer ärger und drang endlich bis in den Himmel hinauf.

Der heilige Petrus, der das Himmelstor bewacht, glaubte, die Unterwelt wäre in Aufruhr geraten, und rief die himmlischen Heerscharen zusammen, die den bösen Feind, wenn er mit seinen Gesellen den Aufenthalt der Seligen stürmen wollte, zurückjagen sollten. Da sie aber nicht kamen, so setzte er sich auf sein Pferd und ritt durch das Himmelstor hinab in die Unterwelt. Da brachte er die Toten zur Ruhe, hieß sie sich wieder in ihre Gräber legen und nahm den Mond mit fort, den er oben am Himmel aufhing.

Paula Dehmel

Lied vom Monde

Wind, Wind, sause,
der Mond ist nicht zu Hause;
er ist wohl hinter den Berg gegangen,
will vielleicht eine Sternschnuppe fangen,
Wind, Wind, sause.

Stern, Stern, scheine,
der Mond, der ist noch kleine;
er hat die Sichel in der Hand,
er mäht das Gras am Himmelsrand,
Stern, Stern, scheine.

Singe, Vogel, singe,
der Mond ist guter Dinge;
er streckt den halben Taler raus,
das sieht so blank und lustig aus,
singe, Vogel, singe.

Und hell wird's, immer heller;
der Mond, der hat 'nen Teller
mit allerfeinstem Silbersand,
den streut er über Meer und Land,
und hell wird's, immer heller.

Irina Korschunow

Steffi guckt den Mond an

Steffi geht zu Bett. Die Mutter deckt sie mit der blauen Decke zu.
„Gute Nacht, Steffi", sagt sie und gibt ihr einen Kuß.
„Schlaf schön", sagt der Vater und gibt ihr auch einen Kuß.
Steffi nimmt Muckel Schlappohr in den Arm. Sie macht die Augen zu und schläft ein.
Nach einer Weile wird sie wieder wach. Alles ist dunkel und still.
„Mama!" ruft Steffi. „Papa!"
Keiner kommt.
Steffi steigt aus dem Bett und geht ins Wohnzimmer. Der Vater und die Mutter sind nicht da.
Steffi sucht im Schlafzimmer. Sie sucht in der Küche und im Badezimmer. Der Vater und die Mutter sind weg. Steffi fängt an zu weinen.
Da geht die Wohnungstür auf. Der Vater und die Mutter kommen herein.
Der Vater nimmt Steffi auf den Arm, und die Mutter streichelt sie.
„Nicht weinen, Steffi!" sagt sie. „Wir laufen doch nicht fort! Wir waren nur auf der Straße und haben den Mond angesehen."
Steffi weint immer noch.
„Möchtest du auch den Mond sehen?" fragt der Vater.
„Ja", sagt Steffi.
Die Mutter wickelt Steffi in eine Decke. Dann gehen alle zusammen vor das Haus. Der Mond ist groß und rund und gelb. Er sieht wie ein großer gelber Ball aus. Steffi sieht den großen gelben Mond an. Sie weint nicht mehr.
Nach einer Weile schläft sie ein. Der Vater bringt sie ins Bett zurück, und die Mutter deckt sie mit der blauen Decke zu. Steffi schläft ganz fest. Muckel Schlappohr liegt neben ihr und schläft auch.

Matthias Claudius

Der Mond ist aufgegangen

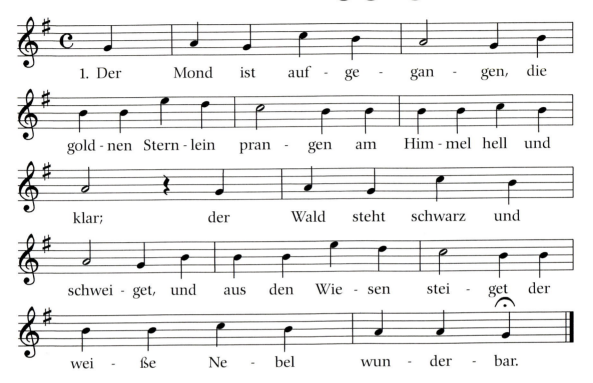

2. Wie ist die Welt so stille
und in der Dämmrung Hülle
so traulich und so hold,
als eine stille Kammer,
wo ihr des Tages Jammer
verschlafen und vergessen sollt!

3. Seht ihr den Mond dort stehen?
Er ist nur halb zu sehen
und ist doch rund und schön.
So sind wohl manche Sachen,
die wir getrost belachen,
weil unsre Augen sie nicht sehn.

4. So legt euch denn, ihr Brüder,
in Gottes Namen nieder!
Kalt ist der Abendhauch.
Verschon uns, Gott, mit Strafen
und laß uns ruhig schlafen!
Und unsern kranken Nachbarn auch!

Melodie: Johannes A. Schulz

Ludwig Aurbacher

Der Schneider beim Mond

Es war einmal ein Schneider, der wanderte weit umher. Eines Tags kam er bis zum Mond. Der Mond war sehr erfreut über den Gast.
„Es friert mich nämlich immer so", sagte er, „ganz besonders in den kühlen Nächten. Da könnt ich einen warmen Rock gut gebrauchen. Willst du mir einen nähen?"
Der Schneider nahm gleich Maß. Der Rock war bald fertig, und er stand dem Mond ganz vortrefflich.
Aber o weh!
Der Mond fing an zuzunehmen. Von Tag zu Tag wurde er dicker. Der Schneider mußte den Rock ständig weiter machen, und er hatte viel Arbeit damit. Aber er schaffte es. Und was geschah dann? Jetzt nahm der Mond ab. Täglich wurde er magerer, und der Rock schlotterte ihm schließlich um den Leib. Der arme Schneider kam kaum nach mit Auftrennen und Engermachen.
Schließlich – nach drei Wochen, hatte er Ruhe; da legte sich der Mond nämlich schlafen und war ein paar Tage und Nächte überhaupt nicht zu sehen. Das benutzte der Schneider. Still und heimlich verschwand er aus dem Mondland und machte sich wieder auf die Wanderschaft.

Gustav Sichelschmidt

Lustiger Mond

Gestern abend um halb achte
fiel der Mond in unsern Teich.
Doch was meint ihr, was er machte?
Er stand einfach auf und lachte,
so als wär's ihm schrecklich gleich.
Zwar er war ein wenig blasser,
aber das war nicht so wild,
denn da unten das im Wasser
war ja nur sein Spiegelbild.

Gina Ruck-Pauquèt

Der kleine Zauberer und das Sternchen

In den warmen, samtblauen Nächten schläft der kleine Zauberer mitten im duftenden Gras. Dann decken die Bäume ihn mit ihren Schatten zu, und der Mond breitet sein Tuch aus Silbergespinst darüber. Einmal aber gibt es eine Nacht, die ist so schön, daß der kleine Zauberer nicht schlafen kann. Er klettert auf einen Baum und schaut sich den Himmel an. Und dann bekommt er plötzlich Lust, ein wenig zu zaubern.
„Hokuspokus Simsalabim", sagt er.
Und genau in diesem Augenblick stürzt ein Sternchen vom Himmel und verfängt sich in den Zweigen des Baumes, in dem der kleine Zauberer sitzt.
„O weh!" sagt der kleine Zauberer, und er ruft die Tiere der Nacht herbei. „Seht, es ist meine Schuld, daß das Sternchen vom Himmel fiel!"
In Wirklichkeit aber ist das Sternchen vor lauter Übermut heruntergesprungen. Denn auch der größte Zauberer kann nicht die Sterne vom Himmel zaubern.
Der kleine Zauberer nimmt das Sternchen behutsam in seine Hände und trägt es vor sich her. Und wohin er auch kommt, erwachen die Menschen und die Tiere von dem wunderbaren Licht und folgen ihm nach. Aber als die Stunden vergehen, beginnt der kleine Zauberer sich Sorgen zu machen.
„Seht nur", sagt er, „das Sternchen wird immer blasser. Es muß an den Himmel zurück."
Doch sooft er auch seinen Zauberspruch spricht, es gelingt ihm nicht, das Sternchen zurückzuschicken.
„Uhu", bittet der kleine Zauberer den Vogel mit den Lampenaugen, „nimm das Sternchen und bring es zum Himmel zurück. Ich will dir auch eine Stecknadel geben, damit du es festmachen kannst."
„Gut", sagt der Uhu, und er trägt das Sternchen in seinem Schnabel davon.
Bald aber kehrt er traurig zurück.
„Ich kann nicht so weit fliegen", seufzt er. „Der Himmel ist fern."
Da wendet sich der kleine Zauberer an das Wiesel.
„Wiesel", bittet er, „du kannst so schnell laufen. Trag das Sternchen in deinem Schnäuzchen zum Himmel hin."
Das Wiesel versucht es. Doch es dauert nicht lange, da kommt es müde zurück.
„Ich finde den Weg nicht", schluchzt es.
Der kleine Zauberer wird sehr traurig, denn schon kriecht im Osten die Dämmerung herauf.
Bestimmt sind die Sterne gezählt, denkt er. Und dieser wird jetzt vermißt.

„Kann ich dir helfen?" hört er da eine zarte Stimme.
„Wer bist du?" fragt der kleine Zauberer.
„Ich bin die Lerche", entgegnet der Vogel.
„Willst du das Sternchen nach Hause tragen?"
„Nicht ich", sagt die Lerche, „aber vielleicht mein Lied. Denn mein Lied steigt bis zum Himmel hinauf."

Und dann beginnt die Lerche zu singen. Und mit dem Lied der Lerche steigt das Sternchen empor, hoch und höher, bis zum Firmament.
„Wie kann es nur sein", wundert sich der kleine Zauberer, „daß ein Lied stärker ist als jeder Zauber?"
Und alle, die bei ihm sind, senken die Köpfe und wissen es nicht.

Mascha Kaléko

Der Sternanzünder

Geht die Abendsonne schlafen,
kommt der Sternanzündemann.
Und der steckt die vielen Sterne
hoch am dunklen Himmel an.
Einer nach dem andern flammt
silberhell auf blauem Samt.
Und inmitten all der Sterne
knipst er an die Mondlaterne.

Horch, die Abendglocken läuten!
Tagwind spricht zum Abendwind:
Freund, das Stündlein hat geschlagen,
da *dein* Abenddienst beginnt.
Lebe wohl, ich kann nun gehn.
Fange du jetzt an zu wehn!
Und der Sternanzündemann
zieht daheim den Schlafrock an.

Jürgen Spohn

Aber wen?

Das ist schon lange her. Die Nacht wollte heiraten – aber wen?
Erst fragte sie den Mittag. Aber der konnte vor Lachen nicht antworten.
Dann hat die Nacht den Wind gefragt: Willst du mich heiraten?
Der Wind wollte lieber ledig bleiben, sonst wäre der Tag zu windstill geworden. Frag doch mal den Mond und die Sterne, sagte der Wind, die passen so gut zu deinem schwarzen Samtkleid. Ein guter Rat!
Es wurde eine große Hochzeit. Sie dauert immer noch.
Die Wolken waren nicht eingeladen, und deshalb stören sie manchmal das Glück.

Nortrud Boge-Erli

Trostlied von den Sternen

Bist hingefalln? Hat's wehgetan?
Und mußt du jetzt gleich weinen?
Komm her zu mir, denk nicht mehr dran
erzähl dir was vom kleinen
vom kleinen Bär
vom großen Bär
von mitten in der Nacht:
im Sternkleid tanzt der große Bär
im Sternkleid tanzt der kleine Bär
den Himmel lang
und lacht.

Herlint Wolff v. d. Steinen

Die Sonne, der Mond und der Hahn

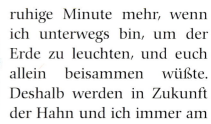

Früher einmal lebten die Sonne, der Mond und der Hahn zusammen im Himmel. Die Sonne und der Hahn hatten einander sehr lieb, und niemals gab es einen Streit zwischen ihnen. Der Mond aber konnte den Hahn nicht leiden, und darum neckte und quälte er ihn auch, wann und wo immer er nur konnte.

Als nun einmal die Sonne gerade unterwegs war, um der Erde zu leuchten, ließ sich der Mond vom Hahn bedienen. Aber wie sehr sich der Hahn auch Mühe gab, an allem nörgelte der Mond herum. Und schließlich packte er voller Wut den Hahn, zauste ihm alle Federn und warf ihn vom Himmel auf die Erde hinunter.

Als die Sonne heimkam, sah sie betrübt, was geschehen war, und da sie die Älteste war, mußte sie den Frieden wiederherstellen. Lange dachte sie nach, dann rief sie den Mond zu sich und sagte zu ihm: „Wir drei können nicht länger zusammenleben. Ich hätte keine ruhige Minute mehr, wenn ich unterwegs bin, um der Erde zu leuchten, und euch allein beisammen wüßte. Deshalb werden in Zukunft der Hahn und ich immer am Tage zusammen unterwegs sein, und du magst dann in der Nacht deinen Weg am Himmel gehen. So vermeiden wir das Häßlichste und Traurigste, was es in der Welt gibt: den Zank und den Streit."

Und so, wie die Sonne es gesagt hatte, geschah es auch. Seitdem weckt der kleine Hahn an jedem Morgen – ihr könnt es hören – mit seinem hellen Kikeriki die große Sonne auf, und sie verbringen dann den Tag miteinander. Die Sonne hoch oben am Himmel und der Hahn tief unten auf der Erde. Und erst am Abend, wenn die Sonne in den Himmel zurückkehrt und der Hahn in seinen Stall, steigt der Mond am Horizont auf und beginnt seine einsame Herrschaft über das Reich der Nacht und der Sterne.

Heinrich Hoffmann

Besuch bei Frau Sonne

Die Sonne lud den Mond zum Essen,
der Mond, der hat es fast vergessen,
Und kommt deshalb, wie das so geht,
Zu der Frau Sonne viel zu spät.

Die Sonne aber hungert sehr,
Sie will nicht länger warten mehr
Und setzet darum ärgerlich
Allein zur guten Suppe sich.

Da klopft es plötzlich an der Tür,
Und der Herr Mond tritt fein herfür,
Und seine Kinder, die kleinen Stern',
Die hätten mitgegessen gern;
Sie trippeln alle mit herein –
Hu, wie erschrickt der Sonnenschein!

Heinrich Hannover

Urgroßmutters Spieldose

In Urgroßmutters Haus gab es lauter ganz alte Sachen. Da waren ein alter Tisch und Stühle mit geschwungenen Beinen, da war ein altmodisches Sofa, ein verstimmtes Klavier mit Kerzen und ein Kachelofen, da hingen ganz alte, vergilbte Bilder an der Wand, und in einem alten Glasschrank standen bunte Weingläser und bemalte Tassen.

Als Lies und Len einmal bei der Urgroßmutter zu Besuch waren, durften sie sich alles ansehen. Plötzlich entdeckten sie in dem Glasschrank hinter den Gläsern und Tassen ganz versteckt eine alte Spieldose. Lies und Len holten sie aus dem Schrank und zogen sie mit einem kleinen Schlüssel auf, und da fing die Spieldose an, wunderschöne Musik zu machen.

Die Spieldose hörte gar nicht wieder auf, Musik zu machen, und plötzlich mußten Lies und Len tanzen, ob sie wollten oder nicht.

Da kam die Katze vom Dach herunter und schaute zum Fenster hinein. Und als sie eine Weile zugeschaut hatte, mußte sie auch tanzen, ob sie wollte oder nicht.

Da hörte der Hund im Garten die schöne Musik und schaute zum Fenster hinein. Als er eine Zeitlang zugehört hatte, fing auch er an zu tanzen.

Schließlich kroch zufällig auch noch eine Schnecke am Fenster vorbei – ganz langsam –, aber als sie die schöne Musik hörte, fing auch sie an zu tanzen.

Plötzlich machte die Urgroßmutter die Tür auf und sah, wie da im Zimmer alles tanzte: Lies und Len, die Katze, der Hund und die Schnecke. Die Spieldose machte so wunderschöne Musik, und alle sangen dazu.

Lies und Len sangen: „Lalerallallallalla!"

Die Katze sang: „Miaumeraumaumaumau!"

Der Hund sang: „Wauwerauwauwauwauwau!"

Und die Schnecke: „Schlapperappappappappapp!"

„Was ist denn hier los?" sagte die Urgroßmutter. Aber da fing sie auch schon an mitzutanzen und zu singen. Das war vielleicht ein lustig Leben da in Urgroßmutters Haus!

Aber nach und nach wurden sie alle müde. Zuerst fiel die Urgroßmutter um, genau auf das altmodische Sofa, und schlief gleich ein. Dann machte die Schnecke schlapp und zog sich in ihr Schneckenhaus zurück. Dann schlief die Katze neben dem Kachelofen ein und der Hund unter dem Tisch mit den geschwungenen Beinen. Schließlich fielen auch Lies und Len um und schliefen ein; Lies lag so halb auf einem Stuhl, und Len kullerte unter das Sofa. Nur

die Spieldose spielte immer noch weiter.

Am Abend schaute der Mond zum Fenster hinein.

„Nanu", sagte der Mond, „was ist denn da bei Urgroßmutter los? Da liegen ja Menschen und Tiere so kreuz und quer im Zimmer umher." Und er kam schnell vom Himmel herunter, lief durch Urgroßmutters Garten und schaute von dort zum Fenster hinein. Aber als er eine Zeitlang der schönen Musik zugehört hatte, mußte er plötzlich anfangen zu tanzen, ob er nun wollte oder nicht.

Da schauten die Sterne vom Himmel herunter und sahen den Mond in Urgroßmutters Zimmer tanzen.

„Nanu", sagten die Sterne, „was ist denn da bei Urgroßmutter los?" Ein paar besonders neugierige Sterne kamen schnell vom Himmel herunter, liefen durch Urgroßmutters Garten und schauten zum Fenster hinein. Aber als sie eine Zeitlang der schönen Musik zugehört hatten, mußten sie plötzlich auch tanzen. Und so war es in dieser Nacht am Himmel ziemlich dunkel, weil der Mond und ein paar Sterne in Urgroßmutters Haus tanzten.

Aber schließlich wurden auch der Mond und die Sterne müde. Sie wollten schnell zum Himmel zurück, aber sie kamen bloß noch bis in Urgroßmutters Garten, da fielen sie um und schliefen ein. Ein paar Sterne fielen in die Rosen, ein paar in die Stiefmütterchen, und zwei ganz kleine Sterne kullerten unter die Hecke. Der Mond aber fiel in den Rhabarber, da lag er ganz schön weich.

Als die Urgroßmutter am nächsten Morgen aufwachte, stellte sie schnell die Spieldose ab, weil sie nicht den ganzen Tag tanzen wollte. Da wachten auch Lies und Len und die Katze und der Hund und die Schnecke auf, und alle schlichen ein bißchen müde davon.

Als Lies und Len in den Garten kamen, trauten sie ihren Augen nicht. Da lag der Mond im Rhabarber und schlief, und überall im Garten lagen Sterne umher.

„Urgroßmutter!" riefen Lies und Len. „Im Garten liegen der Mond und die Sterne!"

Davon wachte der Mond auf, rappelte sich schnell hoch und rief den Sternen zu: „Wacht auf, wir müssen schnell wieder zum Himmel!" Und da rannten der Mond und die Sterne durch Urgroßmutters Garten und zur Gartenpforte hinaus, und auf einer Wolke flogen sie zurück zum Himmel.

Nur die beiden kleinen Sterne, die unter die Hecke gekullert waren, hatten den Lärm verschlafen. Als Lies und Len es unter der Hecke leuchten sahen, liefen sie ganz leise hin, und jedes nahm sich ein Sternchen und rannte damit in Urgroßmutters Haus.

Nun war es schon so hell, daß die Sterne nicht mehr zum Himmel zurückfliegen konnten, und so blieben sie bei Lies und Len, hängten sich im Kinderzimmer in die Luft und schauten zu, wie Lies und Len mit ihren Spielsachen spielten.

Als Lies und Len am Abend ins Bett gingen und die Urgroßmutter das Licht ausgemacht hatte, stand über jedem Bettchen ein Stern und leuchtete ganz sanft, bis Lies und Len eingeschlafen waren.

In der Nacht aber kam der Mond vom Himmel herunter und suchte nach seinen beiden verlorenen Sternen. Er schaute in alle Fenster hinein, bis er sie bei Lies und Len im Zimmer fand. Ganz leise rief er den kleinen Sternen zu: „Kommt mit mir!" Und da schlüpften sie ganz leise zum Fenster hinaus und flogen mit dem Mond auf einer Wolke zum Himmel zurück.

Als Lies und Len am nächsten Morgen aufwachten und ihre beiden Sterne nicht mehr fanden, waren sie ein bißchen traurig. Den ganzen Tag dachten sie darüber nach, wie sie die Sterne wohl noch einmal vom Himmel herunterlocken könnten. Schließlich war ihnen etwas eingefallen: Sie stellten am Abend vor dem Schlafengehen Urgroßmutters Spieldose in den Garten und zogen sie mit dem kleinen Schlüssel auf. Sie sollte die ganze Nacht spielen und die Sterne tanzen lassen. Vielleicht, so dachten Lies und Len, schlafen dann wieder ein paar in Urgroßmutters Garten ein.

Aber, denkt euch nur, die Spieldose machte nur noch einmal „kling!", und dann war sie kaputt und gab keinen Ton mehr von sich. Sie hatte sich wohl doch zu sehr überanstrengt, als sie einen ganzen Tag und eine ganze Nacht hintereinander gespielt hatte.

Aber auch ohne Spieldose kommen die beiden kleinen Sterne, die Lies und Len unter der Hecke gefunden hatten, ab und zu einmal zu Besuch. Sie schlüpfen abends, wenn das Licht im Zimmer ausgeht, zum Fenster hinein und leuchten ganz sanft über Lies' und Lens Bettchen. Gegen Morgen aber, kurz bevor Lies und Len aufwachen, fliegen sie immer auf einer Wolke zum Himmel zurück.

Wilhelm Hey

Weißt du, wieviel Sternlein stehen

1. Weißt du, wie-viel Stern-lein ste-hen an dem blau-en Him-mels-zelt? Weißt du, wie-viel Wol-ken ge-hen weit-hin ü-ber al-le Welt? Gott, der Herr, hat sie ge-zäh-let, daß ihm auch nicht ei-nes feh-let an der gan-zen gro-ßen Zahl, an der gan-zen gro-ßen Zahl.

2. Weißt du, wieviel Mücklein spielen
in der heißen Sonnenglut,
wieviel Fischlein auch sich kühlen
in der hellen Wasserflut?
Gott, der Herr, rief sie mit Namen,
daß sie all ins Leben kamen,
daß sie nun so fröhlich sind.

3. Weißt du, wieviel Kindlein frühe
stehn aus ihren Bettlein auf,
daß sie ohne Sorg und Mühe
fröhlich sind im Tageslauf?
Gott im Himmel hat an allen
seine Lust, sein Wohlgefallen,
kennt auch dich und hat dich lieb.

Melodie: Volksgut

Brüder Grimm

Die Sterntaler

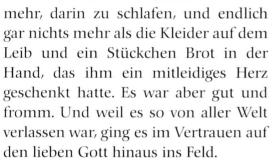

Es war einmal ein kleines Mädchen, dem waren Vater und Mutter gestorben, und es war so arm, daß es kein Kämmerchen mehr hatte, darin zu wohnen, und kein Bettchen mehr, darin zu schlafen, und endlich gar nichts mehr als die Kleider auf dem Leib und ein Stückchen Brot in der Hand, das ihm ein mitleidiges Herz geschenkt hatte. Es war aber gut und fromm. Und weil es so von aller Welt verlassen war, ging es im Vertrauen auf den lieben Gott hinaus ins Feld.

Da begegnete ihm ein armer Mann, der sprach: „Ach, gib mir etwas zu essen, ich bin so hungrig." Es reichte ihm das ganze Stückchen Brot und sagte: „Gott segne dir's", und ging weiter.

Da kam ein Kind, das jammerte und sprach: „Es friert mich so an meinem Kopfe, schenk mir etwas, womit ich ihn bedecken kann." Da tat es seine Mütze ab und gab sie ihm.

Und als es noch eine Weile gegangen war, kam wieder ein Kind und hatte kein Leibchen an und fror: da gab es ihm seins; und noch weiter, da bat eins um ein Röcklein, das gab es auch von sich hin.

Endlich gelangte es in einen Wald, und es war schon dunkel geworden; da kam noch eins und bat um ein Hemdlein, und das fromme Mädchen dachte: Es ist dunkle Nacht, da sieht dich niemand, du kannst wohl dein Hemd weggeben, und zog das Hemd ab und gab es auch noch hin.

Und wie es so stand und gar nichts mehr hatte, fielen auf einmal die Sterne vom Himmel und waren lauter harte, blanke Taler: und ob es gleich sein Hemdlein weggegeben, so hatte es ein neues an, und das war vom allerfeinsten Linnen. Da sammelte es sich die Taler hinein und war reich für sein Lebtag.

Vom Sandmann und kleinen Gespenstern

Irina Korschunow

Der Sandmannvater und sein Sohn

Dort, wo alle Sandmänner ihre Häuser haben, wohnen auch der Sandmannvater und sein Sohn. Der Sandmannvater ist für den Bezirk Neustadt zuständig. Jeden Abend, wenn es dunkel wird, nimmt er seinen Sandsack und macht sich an die Arbeit, wie die anderen Sandmänner in der Gegend. Er hat eine Menge zu tun, und wenn er heimkommt, tun ihm die Füße weh.

Dann wartet schon sein Sohn auf ihn. Er bringt dem Sandmannvater warmes Wasser für die Füße und fragt: „Wie war's, Papa? Haben die Kinder noch vor den Fernsehern gesessen? Und was haben sie gemacht, wenn du ihnen mitten im Krimi Sand in die Augen gestreut hast?"

„Gegähnt haben sie", sagt der Sandmannvater. „Uaaa, uaaaa. Und ein paar sind vom Stuhl gefallen. So sah das aus." Er macht es vor, und der kleine Sandmann lacht sich halb tot.

„Nimm mich mit, Papa", bettelt er. „Ich möchte so gern sehen, wie die Kinder von den Stühlen fallen."

„Jetzt noch nicht", sagt der Sandmannvater. „Du mußt erst stark genug sein, um einen Sandsack tragen zu können. Dann wirst du ein Sandmann, genau wie Opa und ich."

„Mist", sagt der kleine Sandmann. Er geht zum Sandkasten, bäckt Sandkuchen und spielt. Wenn sein Vater sich ausgeruht hat, spielen sie zusammen. So vergeht die Zeit.

Eines Tages kann der kleine Sandmann einen Sandsack tragen. Da nimmt ihn der Sandmannvater mit zur Arbeit. Er soll lernen, wie man den Kindern Sand in die Augen streut.

Das wird lustig, denkt der kleine Sandmann. Aber es wird überhaupt nicht lustig. Alles ist ganz anders, als der kleine Sandmann es sich vorgestellt hat. Er sieht kein einziges Kind, das vom Stuhl fällt. Die meisten liegen schon in den Betten, und die anderen reiben sich höchstens die Augen.

„Du hast geschwindelt, Papa", schimpft der kleine Sandmann.

„Wieso?" sagt sein Vater. „Manchmal ist wirklich so ein Kind vom Stuhl gefallen. Und es kommt auch nicht darauf an, ob du es lustig findest oder nicht. Tu deine Arbeit, das ist die Hauptsache. Du willst doch ein tüchtiger Sandmann werden."

„Ja", sagt der kleine Sandmann. „Es ist bloß so langweilig. Und die Füße tun mir weh."

„Allen Sandmännern tun die Füße weh", sagt der Sandmannvater. „Das gehört dazu."

„Wirklich?" fragt der kleine Sandmann. Am nächsten Abend möchte er am liebsten zu Hause bleiben, um Sandkuchen zu backen. Aber damit ist es vorbei. Er muß lernen, wie man Kindern Sand in die Augen streut.
Nach drei Tagen kann er es schon sehr gut. Fast so gut wie die anderen Sandmänner.
„Ich bin stolz auf dich, Junge", sagt der Sandmannvater. „Ich glaube, du wirst ein tüchtiger Sandmann. Morgen bekommst du ein paar Straßen für dich allein. Dann habe ich es leichter."
„Okay", sagt der kleine Sandmann. „Darf ich mich mal fünf Minuten hinsetzen? Die Füße tun mir weh."
„Mir auch", sagt der Sandmannvater. „Nimm dich zusammen. Ein Sandmann jammert nicht."
Mist, denkt der kleine Sandmann. Spielen ist besser.
Am nächsten Abend zeigt ihm sein Vater die Straßen, die er für sich allein haben soll.
„In einer Stunde treffen wir uns hier an der Ecke wieder", sagt er. „Und vergiß nicht, daß du ein Sandmann bist."
Der kleine Sandmann rückt seinen Sandsack zurecht.
„Bestimmt nicht, Papa", sagt er und trabt los. Er streut einem Kind nach dem anderen Sand in die Augen, und alle schlafen ein.
Ich bin ein toller Sandmann, denkt der kleine Sandmann stolz.
Der Junge im letzten Haus heißt Christian. Christian hat zwei kleine Autos mit ins Bett genommen und spielt Unfall. „Polizei!" ruft er. „Tatütatü! Kranken ..." Eigentlich hat er Krankenwagen rufen wollen. Aber da kommt der kleine Sandmann, und mitten im Satz fallen Christian die Augen zu.
Gut gemacht! denkt der kleine Sandmann. Papa wird staunen. Plötzlich sieht er etwas: ein komisches Ding. Ein Ding mit drei Rädern. Ein Dreirad. Es ist teils rot, teils blank und blitzt im Mondlicht. Der kleine Sandmann starrt es an. Wie das wohl geht? überlegt er und gibt dem Ding einen Schubs. Da fängt es an zu rollen. Das gefällt dem kleinen Sandmann. Er schiebt das Ding ein paarmal hin und her. Dann setzt er sich auf den Sattel und stellt die Füße auf die Pedale. Die Pedale bewegen sich. Er tritt fester zu, und das Ding rollt mit ihm los. Es rollt durchs Zimmer, und der kleine Sandmann vergißt alles andere, so schön findet er das. Er will nur noch rollen, rollen, rollen, am liebsten die ganze Nacht.

Doch da kommt sein Vater angerannt. „Spinnst du, Junge", ruft er und schnappt nach Luft. „Ich stehe an der Ecke und warte, und du? Was treibst du hier?"
Der kleine Sandmann schweigt.
„Unfug treibst du!" schimpft sein Vater. „Unnützen Menschenkram. Was muß ein Sandmann tun?"
Der kleine Sandmann sieht das Dreirad an. „Das Ding ist so schön, Papa", sagt er.
„Das Ding geht dich einen Dreck an", sagt der Sandmannvater. „Ein Sandmann muß Sand in die Augen streuen, sonst nichts."
„Ich will aber …" sagt der kleine Sandmann.
„Du willst gar nichts", sagt der Sandmannvater. „Komm."
Sie gehen auf die Straße. Plötzlich merkt der kleine Sandmann, daß er seinen Sandsack vergessen hat.
„Du, Papa!" ruft er. „Ich habe …"
„Halt den Mund, mir reicht's", sagt sein Vater.
Der kleine Sandmann gehorcht, und so passiert das Unglück: Christians Mutter findet am nächsten Morgen das Säckchen und schüttet den Sand aus dem Fenster, mitten in den Wind.
„Was du alles ins Zimmer schleppst", sagt sie zu Christian. „Das ist doch …"
Weiter kommt sie nicht, weil ihr ein paar Sandkörner in die Augen fliegen. „Uaaa", gähnt sie, legt sich auf den Teppich und schläft ein.
„Was ist denn los, Mama?" fragt Christian. „Was hast …"
Da schläft auch er. Denn der Wind wirbelt den Sand ins Zimmer und durch die ganze Gegend. Alle Leute in der Neustadt schlafen ein. Wie bei Dornröschen!
Der kleine Sandmann ahnt nicht, was er angerichtet hat. Er will nur seinen Sandsack wiederhaben. Unbedingt. Und als der Vater Mittagsschlaf hält, schleicht er aus dem Haus und läuft in die Neustadt. Es ist heller Tag, aber alle Leute, die er sieht, schlafen. In den Bussen und Autos. In den Geschäften. Auf den Straßen. Im Park. In der Schule. Auch Christian schläft. Neben seinem Bett steht das rote Dreirad. Und auf der Fensterbank liegt der leere Sandsack. Oje, denkt der kleine Sandmann. Was Papa wohl sagt!
Aber passiert ist passiert. Und weil er nun einmal da ist, setzt er sich auf das Dreirad. Zuerst fährt er im Zimmer herum. Dann fährt er durch die Tür und auf die Straße. Und schließlich fährt er nach Hause.
Der Sandmannvater wartet schon vor der Tür. „Wo bist du denn gewesen?" will er wissen. „Und was ist das?"
Der kleine Sandmann sieht seinen Vater an.
„Das Ding ist so schön, Papa", sagt er. „Ich will es behalten."
Dann erzählt er die ganze Geschichte, und der Sandmannvater stöhnt: „Furchtbar! Den Sandsack vergessen! Entsetzlich! Ich glaube, du wirst nie so ein Sandmann wie Opa und ich. Zur Strafe nehme ich dich die nächsten drei Tage nicht mit zur Arbeit. Und dies Ding da, das kommt dorthin zurück, wo es hingehört. Sofort!"

Der kleine Sandmann gehorcht. Er stellt das Dreirad wieder in Christians Zimmer. Dann will er heimgehen. Er ist sehr traurig. Er läßt den Kopf hängen, so traurig ist er. Er merkt nicht, wo er hingeht, und plötzlich steht er an der Müllkippe.

Der kleine Sandmann vergißt, daß er traurig ist. So etwas wie hier hat er noch nie gesehen:

Ein ganzer Berg aus Dreck und Abfall. Und wie das stinkt! Der kleine Sandmann schüttelt sich. Aber er geht noch näher heran. Denn dort auf dem Berg liegt nicht nur Dreck. Dort liegen auch Stühle und Sofas. Und Kühlschränke und Waschschüsseln. Und Schuhe und Matratzen und Regenschirme. Lauter nützliche Sachen. Was die Menschen alles wegschmeißen, wundert sich der kleine Sandmann. Das muß ich Papa sagen. Vielleicht können wir etwas davon gebrauchen.

Er tritt noch ein Stück näher. Da entdeckt er etwas. Zwischen dem Kram liegt ein Ding! Genauso ein Ding wie das von Christian.

Der kleine Sandmann läuft auf den Müllberg und zerrt es aus dem Gerümpel heraus. Doch er läßt es gleich wieder fallen. An dem Ding fehlen nämlich die Räder. Es ist nur ein halbes Ding zum Fahren. Der kleine Sandmann denkt nach. Dann fängt er an, in dem Gerümpel nach Rädern zu suchen. Er wühlt und wühlt. Doch ein Rad findet er nicht. Er findet nur ein anderes halbes Ding. Ein Ding ohne Lenkstange und ohne Sattel. Aber mit Rädern!

Der kleine Sandmann sieht die zwei halben Dinger lange an. Schließlich nimmt er sie unter die Arme und schleppt sie nach Hause.

„Ich habe was gefunden, Papa", ruft er.

„Das da?" Der Sandmannvater schüttelt den Kopf. „Was soll der Quatsch?"

„Gar kein Quatsch, Papa!" ruft der kleine Sandmann. „Das sind zwei halbe Dinger zum Fahren. Daraus können wir ein ganzes machen!"

„Menschenblödsinn", sagt der Sandmannvater.

„Gar kein Blödsinn, Papa!" ruft der kleine Sandmann. „Beim Fahren tun einem die Füße nicht weh. Man ist auch viel früher mit der Arbeit fertig. Und hat mehr Zeit zum Spielen!"

Der Sandmannvater schüttelt wieder den Kopf. Er nimmt seinen Sandsack und geht zur Arbeit.

Und auch der kleine Sandmann tut etwas: Er macht an dem Ding ohne Lenkstange die Räder los. Dann will er die Räder an dem anderen Ding befestigen. Doch das schafft er nicht allein.

„Du mußt mir helfen, Papa", sagt er, als sein Vater nach Hause kommt.

„Blödsinn, Junge", brummt der Sandmannvater. „Wir haben nicht das richtige Werkzeug. Wo ist mein Fußwasser? Ich habe eine Blase am Zeh."

„Vielleicht können wir Werkzeug machen", sagt der kleine Sandmann.

Er bringt dem Sandmannvater Wasser und ein Handtuch. Er trocknet ihm sogar die Füße ab. Und kitzelt sie ein bißchen. Da lacht der Sandmannvater. Er fängt an, mit dem kleinen Sandmann zu basteln, und sie machen aus zwei halben Dingern ein ganzes. Der kleine Sandmann setzt sich darauf. Er fährt zwei Runden. Sein Vater sieht zu.

„Toll, Junge", sagt er. „So ein Ding wäre gut für meine Füße!"

„Wir bauen dir eins, Papa!" ruft der kleine Sandmann. „Schnell! Zum Dreckberg!"

So geschieht es: Auch der Sandmannvater bekommt ein Dreirad. Es dauert ziemlich lange, bis es fertig ist. Aber eines Abends rollen der Sandmannvater und sein Sohn zusammen zur Arbeit. Die anderen Sandmänner stehen da und staunen.

„Wo habt ihr diese Dinger her?" wollen sie wissen.

„Die haben wir gebaut, mein Papa und ich", sagt der kleine Sandmann stolz.

Und der Sandmannvater fügt hinzu: „Ideen muß man haben. Ideen!"

Gina Ruck-Pauquèt

Der kleine Nachtwächter und das Schlaflied

Eines Abends – der Himmel hatte schon sein schwarzes Nachthemd übergezogen – ging der kleine Nachtwächter mit seiner Laterne durch die stillen Gassen.

Alles schien in Ordnung zu sein. Die Blumen hatten die Blütenblätter gefaltet, die Bäume standen an ihren Plätzen, und die Fledermäuse schlugen eben die Augen auf.

Doch der kleine Nachtwächter mußte schließlich auch wissen, ob mit den Leuten alles in Ordnung war, und so schaute er in die Fenster der Häuser.

Die Leute lagen in ihren Betten und schliefen. Die Blumenfrau hatte die Decke so hochgezogen, daß man gerade noch die Spitze ihrer Nase sah.

Der Drehorgelmann lächelte vor sich hin. Vielleicht träumte er eine besonders hübsche Melodie, wer weiß?

Der Bauer schnarchte. So sehr schnarchte er, daß die Äpfel auf dem Kleiderschrank zitterten.

Das Mädchen mit den Luftballons aber sah im Schlaf rosig aus wie pures Marzipan.

Doch als der kleine Nachtwächter an das Haus des Dichters kam, sah er den Dichter am Fenster sitzen.

„Warum schläfst du nicht?" fragte der kleine Nachtwächter.

„Ich kann nicht", antwortete der Dichter.

Da schloß der kleine Nachtwächter seine Augen, damit er besser nach innen sehen konnte, und dachte nach.

Der Dichter ist traurig, weil er nicht schlafen kann, so dachte er. „Laß mich herein", sagte der kleine Nachtwächter entschlossen. „Ich will dir ein Schlaflied singen."

Und er ging hinein, setzte sich zu dem Dichter ans Bett und sang ihm etwas vor.

Der kleine Nachtwächter sang und sang, und dann sang er immer ein bißchen leiser – bis er plötzlich eingeschlafen war.

Der Dichter aber lächelte, und er ließ den kleinen Nachtwächter schlafen. Er nahm die Laterne, setzte sich die Nachtwächtermütze auf und ging hinaus.

Langsam durchwanderte er die Gassen. Wie ist es doch schön, ein Nachtwächter zu sein, dachte der Dichter.

Und er war die ganze Nacht lang glücklich.

Isolde Heyne

Der verschnupfte Anton

„Hatschi!" macht Sandmann Anton. Immer wieder: „Hatschi!" Mitten im Sommer hat er Schnupfen bekommen. Frau Sandmann macht ihm ein Fußbad, dann muß er Kamillentee einatmen, aber nichts hilft. „So kannst du heute abend nicht zur Arbeit gehen", sagt sie schließlich. „Erstens könntest du die Kinder anstecken, und zweitens kannst du mit deinem Schnupfen nicht richtig pusten. Stell dir bloß mal vor, du sagst ‚Hatschi' dabei!"

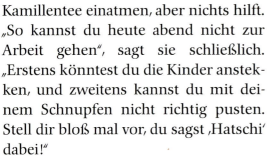

Sandmann Anton sieht das natürlich ein. Aber er kann keine Vertretung auftreiben.

„*Ich* werde dich vertreten!" sagt Frau Sandmann. „Du hast mir schon so viel von den Kindern erzählt, daß ich sie genauso gut kenne wie du. Ich weiß genau, was ich zu tun habe..."

„Nein, das... Hatschi!... nein, das... Hatschi!... na gut", sagt Sandmann Anton. Recht ist ihm das natürlich nicht. In all den Jahren war er immer pünktlich zur Stelle gewesen. Aber er sieht ein, daß er mit seiner Nieserei schlecht den Traumsand verteilen kann.

Frau Sandmann macht sich abends rechtzeitig auf den Weg. Die geschwätzige Elster schläft schon, und das ist gut so. Es braucht ja keiner zu wissen, daß der Sandmann heute eine Frau ist. Nur der Nachtvogel weiß Bescheid. Und er hat Anton versprochen, seiner Frau zu helfen.

„Warum habe ich das nicht schon öfters gemacht?" sagt Frau Sandmann zum Nachtvogel. „Ich finde, das kann ich genauso gut wie die Sandmänner... Vielleicht sogar noch ein bißchen besser..." Der Nachtvogel blinkert dazu freundlich mit seinen leuchtenden Augen. Ihm gefällt das schon, wie Frau Sandmann behutsam an die Betten der Kinder tritt und sie zum Einschlafen bringt.

Sie kommen an das Haus, in dem Markus mit seinen Eltern wohnt. In seinem Zimmer ist noch Licht, aber Frau Sandmann sieht auch, daß die Lampe mit einem Tuch abgedunkelt ist. Seine Mutter ist bei ihm.

„Der Junge ist krank", erklärt der Nachtvogel. „Er hatte gestern Fieber. Schauen wir mal nach, wie es ihm heute geht."

Was sie sehen, ist nicht gerade beruhigend. Markus dreht sich in seinem Bett von einer Seite auf die andere, sein Kopf glüht vom Fieber. Seine Mutter hat ihm gerade wieder Wadenwickel gemacht. Als sie das Licht löscht und leise aus dem Zimmer geht, setzt sich Frau Sandmann eine Weile an das Bett. „Hallo, Markus", sagt sie. „Mein Mann ist auch krank, deshalb bin ich heute gekommen. Er hat Schnupfen und macht dauernd ‚Hatschi!'."

Markus dreht den Kopf um, so daß er die Frau des Sandmanns Anton besser anschauen kann. „Kannst du auch so schöne Geschichten erzählen wie er?" fragt er neugierig.

„Bestimmt. Vielleicht denke ich mir sogar extra eine Geschichte für dich aus." Frau Sandmann legt ihre kühle Hand auf die vom Fieber heiße Stirn von Markus. „Besser so?" fragt sie.

„Viel besser. Und nun eine Geschichte – eine, wo es ganz kalt ist..."

Frau Sandmann lächelt. Natürlich weiß sie so eine Geschichte: „In Grönland lebte einmal eine alte Bärenmutter mit ihrem kleinen Bärenkind Jossy. Einmal gerieten die beiden in einen ganz schlimmen Schneesturm. Jossy wollte einfach nicht mehr weiterlaufen, und so verlor er seine Bärenmutter aus den Augen. Er fürchtete sich sehr, und trotz des dicken Pelzes fror er jämmerlich. ,Hätte ich bloß nicht so getrödelt', wimmerte Jossy. Er rollte sich in einem Schneeloch zusammen und dachte, der Schneesturm würde nie aufhören. Da hörte er ganz nahe ein lautes Brummen. Das konnte nur die Bärenmutter sein! Jossy wollte ihr antworten, aber er war so dick mit Schnee zugeweht worden, daß die Bärenmutter seine schwachen Rufe nicht hörte.

Da strengte sich Jossy gewaltig an und arbeitete sich aus dem Schnee heraus. Der Sturm hatte aufgehört. Und ein Stück voraus sah Jossy seine Bärenmutter. Da lief er, so schnell er konnte, über das glitzernde weiße Schneefeld..."

Markus ist inzwischen eingeschlafen. Er träumt die Geschichte von Jossy und seiner Bärenmutter weiter. Frau Sandmann sieht, daß es ein schöner Traum ist, denn Markus lächelt, und seine Stirn ist jetzt schon viel kühler.

Stolz und zufrieden geht die Sandmannfrau dann nach Hause. „Ganz schön anstrengend, so schnell eine kalte Grönlandgeschichte zu erfinden", denkt sie. Und vom Geschichtenerzählen ist ihr nun ganz heiß geworden.

Theodor Storm

Der kleine Häwelmann

Es war einmal ein kleiner Junge, der hieß Häwelmann. Des Nachts schlief er in einem Rollenbett und auch des Nachmittags, wenn er müde war; wenn er aber nicht müde war, so mußte seine Mutter ihn darin in der Stube umherfahren, und davon konnte er nie genug bekommen. Nun lag der kleine Häwelmann eines Nachts in seinem Rollenbett und konnte nicht einschlafen; die Mutter aber schlief schon lange neben ihm in ihrem großen Himmelbett.

„Mutter", rief der kleine Häwelmann, „ich will fahren!" Und die Mutter langte im Schlaf mit dem Arm aus dem Bett und rollte die kleine Bettstelle hin und her, und wenn ihr der Arm müde werden wollte, so rief der kleine Häwelmann: „Mehr, mehr!" und dann ging das Rollen wieder von vorne an. Endlich aber schlief sie gänzlich ein; und soviel Häwelmann auch schreien mochte, sie hörte es nicht; es war rein vorbei. Da dauerte es nicht lange, so sah der Mond in die Fensterscheiben, der gute alte Mond, und was er da sah, war so possierlich, daß er sich erst mit seinem Pelzärmel über das Gesicht fuhr, um sich die Augen auszuwischen; so etwas hatte der alte Mond all sein Lebtag nicht gesehen:

Da lag der kleine Häwelmann mit offenen Augen in seinem Rollenbett und hielt das eine Beinchen wie einen Mastbaum in die Höhe. Sein kleines Hemd hatte er ausgezogen und hing es wie ein Segel an seiner kleinen Zehe auf; dann nahm er ein Hemdzipfelchen in jede Hand und fing mit beiden Backen an zu blasen. Und allmählich, leise, leise, fing es an zu rollen, über den Fußboden, dann die Wand hinauf, dann kopfüber die Decke entlang und dann die andere Wand wieder hinunter.

„Mehr, mehr!" schrie Häwelmann, als er wieder auf dem Boden war; und dann blies er wieder seine Backen auf, und dann ging es wieder kopfüber und kopfunter. Es war ein großes Glück für den kleinen Häwelmann, daß es gerade Nacht war und die Erde auf dem Kopf stand; sonst hätte er sich doch zu leicht den Hals brechen können. Als er dreimal die Reise gemacht hatte, guckte der Mond ihm plötzlich ins Gesicht. „Junge", sagte er, „hast du noch nicht genug?"

„Nein", schrie Häwelmann, „mehr, mehr! Mach mir die Tür auf! Ich will durch die Stadt fahren; alle Menschen sollen mich fahren sehen."

„Das kann ich nicht", sagte der gute Mond; aber er ließ einen langen Strahl durch das Schlüsselloch fallen; und darauf fuhr der kleine Häwelmann zum Hause hinaus.

Auf der Straße war es ganz still und einsam. Die hohen Häuser standen im hellen Mondschein und glotzten mit ihren schwarzen Fenstern recht dumm in die Stadt hinaus; aber die Menschen waren nirgends zu sehen.

Es rasselte recht, als der kleine Häwelmann in seinem Rollenbett über das Straßenpflaster fuhr; und der gute Mond ging immer neben ihm und leuchtete. So fuhren sie Straßen aus, Straßen ein; aber die Menschen waren nirgends zu sehen. Als sie bei der Kirche vorbeikamen, da krähte auf einmal der große goldene Hahn auf dem Glokkenturm. Sie hielten still.

„Was machst du da?" rief der kleine Häwelmann hinauf.

„Ich krähe zum ersten Mal!" rief der goldene Hahn herunter.

„Wo sind denn die Menschen?" rief der kleine Häwelmann hinauf.

„Die schlafen", rief der goldene Hahn herunter, „wenn ich zum dritten Mal krähe, wacht der erste Mensch auf."

„Das dauert mir zu lange", sagte Häwelmann, „ich will in den Wald fahren, alle Tiere sollen mich fahren sehen!"

„Junge", sagte der gute alte Mond, „hast du noch nicht genug?"

„Nein", schrie Häwelmann, „mehr, mehr! Leuchte, alter Mond, leuchte!"

Und damit blies er die Backen auf, und der gute alte Mond leuchtete, und so fuhren sie zum Stadttor hinaus und übers Feld und in den dunklen Wald hinein. Der gute Mond hatte große Mühe, zwischen den vielen Bäumen durchzukommen; mitunter war er ein ganzes Stück zurück, aber er holte den kleinen Häwelmann doch immer wieder ein.

Im Walde war es still und einsam; die Tiere waren nicht zu sehen; weder die Hirsche noch die Hasen, auch nicht die kleinen Mäuse. So fuhren sie immer weiter, durch Tannen- und Buchenwälder, bergauf und bergab. Der gute Mond ging nebenher und leuchtete in alle Büsche; aber die Tiere waren nicht zu sehen; nur eine kleine Katze saß oben in einem Eichbaum und funkelte mit den Augen. Da hielten sie still.

„Das ist der kleine Hinze!" sagte Häwelmann, „ich kenne ihn wohl; er will die Sterne nachmachen."

Und als sie weiterfuhren, sprang die kleine Katze mit von Baum zu Baum.

„Was machst du da?" rief der kleine Häwelmann hinauf.

„Ich illuminiere!" rief die kleine Katze herunter.

„Wo sind denn die andern Tiere?" rief der kleine Häwelmann hinauf.

„Die schlafen!" rief die kleine Katze herunter und sprang wieder einen Baum weiter; „horch nur, wie sie schnarchen!"

„Junge", sagte der gute alte Mond, „hast du noch nicht genug?"

„Nein", schrie Häwelmann, „mehr, mehr! Leuchte, alter Mond, leuchte!", und dann blies er die Backen auf, und der gute alte Mond leuchtete; und so fuhren sie zum Walde hinaus und dann über die Heide bis ans Ende der Welt, und gerade in den Himmel hinein.

Hier war es lustig; alle Sterne waren wach und hatten die Augen auf und funkelten, daß der ganze Himmel blitzte.

„Platz da!" schrie Häwelmann und fuhr in den hellen Haufen hinein, daß die Sterne links und rechts vor Angst vom Himmel fielen.

„Junge", sagte der gute alte Mond, „hast du noch nicht genug?"

„Nein", schrie der kleine Häwelmann, „mehr, mehr!" und – hast du nicht gesehen! – fuhr er dem guten alten Mond quer über die Nase, daß er ganz dunkelbraun im Gesicht wurde.

„Pfui!" sagte der Mond und nieste dreimal, „alles mit Maßen!", und damit putzte er seine Laterne aus, und alle Sterne machten die Augen zu. Da wurde es im ganzen Himmel auf einmal so dunkel, daß man es ordentlich mit Händen greifen konnte.

„Leuchte, alter Mond, leuchte!" schrie Häwelmann, aber der Mond war nirgends zu sehen und auch die Sterne nicht; sie waren schon alle zu Bett gegangen. Da fürchtete der kleine Häwelmann sich sehr, weil er so allein im Himmel war. Er nahm seine Hemdzipfelchen in die Hände und blies die Backen auf; aber er wußte weder aus noch ein, er fuhr kreuz und quer, hin und her, und niemand sah ihn fahren, weder die Menschen noch die Tiere, noch auch die lieben Sterne.

Da guckte endlich unten, ganz unten am Himmelsrande ein rotes rundes Gesicht zu ihm herauf, und der kleine Häwelmann meinte, der Mond sei wieder aufgegangen.

„Leuchte, alter Mond, leuchte!" rief er, und dann blies er wieder die Backen auf und fuhr quer durch den ganzen Himmel und gerade darauf los. Es war aber die Sonne, die gerade aus dem Meere heraufkam.

„Junge", rief sie und sah ihm mit ihren glühenden Augen ins Gesicht, „was machst du hier in meinem Himmel?" Und – eins, zwei drei! nahm sie den kleinen Häwelmann und warf ihn mitten in das große Wasser. Da konnte er schwimmen lernen. Und dann? Ja und dann? Weißt du nicht mehr? Wenn ich und du nicht gekommen wären und den kleinen Häwelmann in unser Boot genommen hätten, so hätte er doch leicht ertrinken können!

Jill Tomlinson

Dunkelheit ist aufregend

Platsch war eine kleine, männliche Schleiereule, und er lebte mit seiner Mama und seinem Papa auf der Spitze eines mächtigen Baumes. Platsch war dick und flaumig. Er hatte einen wunderschönen, herzförmigen Gesichtsschleier. Er hatte riesige, runde Augen.

Tatsächlich war er genauso wie alle anderen Schleiereulen-Küken jemals zuvor. Nur in einem einzigen Punkt unterschied er sich.

Platsch hatte Angst vor der Dunkelheit.

„Es kann einfach nicht sein, daß du Angst hast vor der Dunkelheit", sagte seine Mama. „Eulen haben *nie* Angst vor der Dunkelheit."

„Ich schon", sagte Platsch.

„Eulen sind doch *Nachtvögel*", sagte sie.

Platsch sah auf seine Zehen. „Ich will kein Nachtvogel sein", brummelte er. „Ich will ein Tagvogel sein."

„Du *bist*, was du *bist*", sagte Frau Schleiereule streng.

„Ja, das weiß ich", stimmte Platsch zu. „Und ich bin ein Angsthase, sobald es dunkel wird."

„Oje", sagte Frau Schleiereule. Ihr war klar, daß sie viel Geduld brauchen würde. Sie klappte die Augen zu und überlegte, was sie tun konnte, damit Platsch keine Angst mehr hatte. Platsch wartete.

Seine Mutter klappte die Augen wieder auf. „Platsch, du hast nur Angst vor der Dunkelheit, weil du nichts über sie weißt. Was weißt du denn eigentlich über die Dunkelheit?"

„Daß sie schwarz ist."

„Das stimmt schon mal nicht. Sie kann silbern sein oder blau oder grau. Sie kann aber auch alle möglichen anderen Farben haben. Aber schwarz ist sie fast nie. Was weißt du sonst noch über die Dunkelheit?"

„Ich mag sie nicht", sagte Platsch. „Ich mag sie *überhaupt nicht.*"

„Das heißt aber nicht, daß du etwas über sie *weißt*", sagte seine Mutter. „Wenn du sagst, daß du die Nacht nicht *magst,* dann ist das bloß ein Gefühl. Ich glaube, du weißt rein gar nichts über die Dunkelheit."

„Dunkelheit ist gräßlich", sagte Platsch laut.

„Woher willst du das wissen? Nach der Dämmerung hast du noch nie den Schnabel aus dem Nestloch gesteckt. Ich glaube, am besten fliegst du mal hinunter in die Welt und lernst noch ein paar Dinge über die Dunkelheit, bevor du dir eine Meinung bildest."

„Jetzt?" fragte Platsch.

„Jetzt", sagte seine Mutter.

Platsch kletterte aus dem Nestloch und stakste draußen auf dem Ast entlang. Er lugte über den Rand hinab. Die Welt schien sehr weit unter ihm zu liegen.

„In Wirklichkeit", sagte das Feuerrad und erhob sich, „bin ich eine Schleiereule."

„Ja – tatsächlich", sagte der kleine Junge, und er war offensichtlich enttäuscht. „Natürlich kannst du noch gar kein Feuerwerkskörper sein. Vati sagt, daß man ein Feuerwerk erst veranstalten kann, wenn es dunkel ist. Wenn es doch nur schnell dunkel werden würde!"

„Du *willst*, daß es dunkel wird?" fragte Platsch erstaunt.

„Ja, *klar*", sagte der kleine Junge. „*Dunkelheit ist aufregend*. Und heute nacht ist sie besonders aufregend, weil wir ein Feuerwerk machen."

„Was für ein Feuerwerk?" fragte Platsch. „Ich glaube, bei Eulen gibt es das nicht. Zumindest bei Schleiereulen nicht."

„Im Landen bin ich nicht besonders gut", sagte er. „Vielleicht mache ich Bruch."

„Zum Landen gehört Übung", sagte seine Mutter. „Sieh mal! Da am Waldrand ist ein Junge und sammelt Zweige. Flieg hin und unterhalte dich mit ihm über die Dunkelheit."

„Jetzt?" fragte Platsch.

„Jetzt", sagte seine Mutter. Also machte Platsch die Augen zu, holte tief Luft und ließ sich von seinem Ast fallen.

Seine kleinen weißen Flügel trugen ihn hinunter, aber wie gesagt beherrschte er das Landen nicht besonders gut, und so machte er sieben flinke Purzelbäume an dem kleinen Jungen vorbei.

„Ooh!" schrie der kleine Junge. „Ein Riesenfeuerrad!"

„Nein?" sagte der kleine Junge. „Du Armer. Tja, da gibt es Raketen und Sputniks und Vulkane und Goldregen und Wunderkerzen und ..."

„Aber was *ist* das alles?" erkundigte sich Platsch. „Kann man das essen?"

„*Nein!*" lachte der kleine Junge. „Mein Vati zündet sie hinten an, und dann – *schwttt* – schießen sie hinauf in die Luft, und der Himmel ist übersät von bunten Sternen – zumindest bei den Raketen. Und ich darf die Wunderkerzen halten."

„Und was ist mit den Vulkanen? Und den Goldregen? Was machen die?"

„Die Vulkane zerplatzen irgendwie zu einem Sprühregen aus Sternen. Und die Goldregen fallen herunter – na ja, wie Regen eben."

„Und die Sputniks?"

„Die sind absolut super! Sie wirbeln dir um den Kopf und machen *Whiiiii* oder so. Die mag ich am liebsten."

„Ich glaube, Feuerwerk würde mir auch gefallen", sagte Platsch.

„Ganz bestimmt", sagte der kleine Junge. „Wo wohnst du denn eigentlich?"

„Dort oben im Baum – im obersten Stockwerk."

„In dem großen Baum mitten auf der Wiese? Von dort aus kannst du dir unser Feuerwerk ansehen! Das da drüben ist unser Garten – der mit der Schaukel. Du mußt Ausschau halten, sobald es dunkel wird ..."

„*Muß* es dunkel sein?" fragte Platsch.

„Klar! Solange es nicht dunkel ist, sieht man die Feuerwerkskörper nicht. So, ich muß gehen. Die Zweige sind fürs Freudenfeuer."

„Freudenfeuer?" fragte Platsch. „Was ist das?"

„Das wirst du sehen, wenn du heute nacht Ausschau hältst. Auf Wiedersehen!"

„Auf Wiedersehen", sagte Platsch und machte eine kleine Verbeugung.

Er sah zu, wie der Junge über die Wiese rannte. Dann rannte auch er ein bißchen, breitete die Flügel aus und flatterte hinauf zum Landeast. Er rutschte auf dem Bauch darauf entlang und ließ sich mit dem Kopf voran ins Nestloch plumpsen.

„Nun?" fragte seine Mutter.

„Der kleine Junge sagt, *Dunkelheit ist aufregend.*"

„Und was meinst du, Platsch?"

„Ich mag sie immer noch *überhaupt nicht*", sagte Platsch. „Aber das Feuerwerk sehe ich mir an – wenn du dich neben mich setzt."

„Ich setze mich neben dich", sagte seine Mutter.

„Ich auch", sagte sein Vater, der gerade erwacht war. „Feuerwerk gefällt mir."

Als es langsam dunkel wurde, watschelte Platsch zu der Nestlochöffnung und lugte vorsichtig nach draußen.

„Komm schon her, Platsch! Ich glaube, sie fangen an!" rief Herr Schleiereule. Er hatte sich ganz oben an der Spitze des Baumes auf einen dicken Ast in Position gesetzt. „Von hier aus haben wir eine phantastische Sicht."

Platsch machte zwei mutige kleine Schritte aus dem Nestloch.

„Hier bin ich", sagte seine Mutter leise. „Komm mit."

Und so flogen sie gemeinsam und mit Flügeln, die sich fast berührten, hinauf zu Herrn Schleiereule.

Sie kamen gerade noch rechtzeitig. Hinten im Garten des kleinen Jungen loderten und prasselten Flammen. „Das muß das Freudenfeuer sein!" quiekte Platsch. Kaum hatte Platsch seine Flügel verstaut, als „*Pftschsch!*" eine Rakete in die Luft schoß und einen grünen Sternenregen ausspuckte.

„Ooooh!" sagte Platsch, und seine Augen wurden so groß wie Untertassen.

Ein Springbrunnen aus tanzenden Sternen stieg vom Boden auf – und dann noch einer und noch mal einer.

„Ooooh!" sagte Platsch wieder.

„Du hörst dich an wie ein Waldkauz", sagte sein Vater. „Ach du liebe Güte! Was ist denn das?"

Etwas schwirrte herum, zog strahlend leuchtende Schnörkel hinter sich her und machte laut „Whiiii!"

„Ach, das ist ein Sputnik", sagte Platsch.

„Wirklich?" sagte sein Vater. „So etwas habe ich noch nie gesehen. Du scheinst dich ja gut auszukennen. Was ist das zischende Ding da, das laufend auf und ab hopst?"

„Ich nehme an, daß das mein Freund ist mit einer Wunderkerze. Oooooh! Da bin *ich*!"

„Wie bitte?" sagte Platschs Vater.

„Das ist ein Feuerrad! Als ich landete, hielt mich der kleine Junge für ein Feuerrad. Ist es nicht toll? Und er dachte, *ich* wäre auch so eines."

Herr Schleiereule sah zu, wie die schwirrenden, funkelnden Kreise unentwegt herumwirbelten.

„Das muß eine prächtige Landung gewesen sein!" sagte er.

Otfried Preußler

Saitenspiel

„Hör mal, mein Junge", begann der Wassermannvater. „Ich sehe, du willst schon zu Bett. Aber eigentlich – eigentlich paßt mir das gar nicht. Ich habe mir nämlich gedacht, du könntest mich noch ein wenig begleiten."

„Be-glei-ten?" fragte der kleine Wassermann ganz verwundert.

„Ja", wiederholte der Wassermannvater, „begleiten. Es ist so ein schöner Abend heute. Ich will noch ein Stündchen hinauf, oder zwei – und – ich nehme die Harfe mit."

„Wirklich?" Der kleine Wassermann dachte, er höre nicht recht. „Hast du wirklich gesagt, daß ich mitkommen darf? – Du, das ist ja ..."

Der kleine Wassermann war sehr glücklich darüber. Es war ja das erste Mal, daß sein Vater ihn mitnahm, wenn er am Abend noch einmal hinaufging. Wie oft schon hatte der Junge darum gebeten! Und jedesmal war er auf später vertröstet worden.

„Wenn du älter bist, läßt sich darüber vielleicht einmal reden", hatte der Vater ihm unlängst erst wieder geantwortet. „Vorläufig bist du für so etwas noch zu klein, da gehörst du am Abend ins Bett."

Ja, der Wassermann hätte ihm kaum eine größere Freude bereiten können als damit, daß er ihn jetzt mit hinaufnahm.

Über dem Mühlenweiher war es schon dunkel geworden. Die Büsche und Bäume am Ufer nahmen sich nur mehr wie Schatten aus. Und am Himmel darüber erglänzten die ersten Sterne. Das Schilf rauschte auf, als die beiden an Land stiegen. Der Wassermann trug seine Harfe unter dem Arm. Wenn ein Halm im Vorbeistreifen über die Saiten strich, hoben sie sachte zu klingen an. Sonst war es still um sie her. Nur der Wind kam mit leisem Atem und trug aus den Wiesen das Zirpen der Grillen zu ihnen. Und manchmal regte sich irgendwo in den Zweigen ein Vogelstimmchen. Es zwitscherte auf, aus dem Traum, und verstummte dann wieder. Und weit in der Ferne, so fern, daß es außer der Welt schien, war dann und wann das Gebell eines Hundes zu hören.

Der Wassermann schritt auf die alte Weide zu. Er setzte sich unter dem Baume ins Gras. Der Junge setzte sich schweigend daneben und wartete. Eine Weile danach hob der Wassermannvater die Harfe. Er lehnte sich gegen die Weide zurück. Dann begann er zu spielen. Er spielte so schön, daß der Junge die Augen schloß. Als er dann doch wieder aufschaute, sah er, wie rings aus den feuchten Wiesen die Nebelfrauen emporstiegen, weiß und mit wehenden Schleiern.

Hatte der Vater mit seinem Spiel sie heraufgelockt? Lautlos schwebten sie über den Rasen dahin. Bald nah und bald wieder entgleitend, tanzten sie mit dem nächtlichen Wind zu den Klängen der Wassermannsharfe.

Der kleine Wassermann war wie verzaubert. Er ließ keinen Blick von den tanzenden Nebelfrauen. Wie treibende Wolken nahmen sie ohne Unterlaß neue Gestalt an. Vor seinen Augen verschmolzen sie miteinander und teilten sich wieder. Und manchmal geschah es auch, daß sich die oder jene von ihnen mitten im schönsten Dahinschweben auflöste, spurlos wie Rauch vor dem Wind.

Der kleine Wassermann folgte dem flüchtigen Treiben so gebannt, daß er gar nicht bemerkte, wie hinter den Hügeln allmählich ein blasser, rötlicher Lichtschein am Himmel heraufkam. Er wurde ihn erst gewahr, als der Vater sein Harfenspiel unterbrach und ihn leise anrief.

„Sieh hin!" rief der Wassermannvater mit halber Stimme und wies dabei nach der schimmernden Stelle am Himmelsrand. „Bald wird er aufgehen."

„Wer denn?" wollte der kleine Wassermann ebenso leise zurückfragen. Weil aber der Vater in diesem Augenblick wieder fortfuhr, auf seiner Harfe zu spielen, schluckte der Junge die Frage hinunter und dachte: Ich werde ja sehen, was er gemeint hat.

Der schimmernde Streifen am Himmelsrand wurde heller und heller, je länger der kleine Wassermann voller Erwartung hinübersah. Immer höher

empor stieg der rötliche Schein, immer kräftiger floß es von unten nach. Bald vermochte der kleine Wassermann jeden einzelnen Baum auf den Hügeln davor zu erkennen; so deutlich hoben sich Stämme und Wipfel im Schattenriß gegen den leuchtenden Hintergrund ab.

Und dann tauchte mit einem Mal eine strahlende, kreisrunde Scheibe am Himmel herauf, goldgelb und gleißend wie eine wunderbar groß geratene Dotterblume.

Da konnte der Wassermannjunge nicht länger an sich halten.

„Vater!" rief er. „Die Sonne ...!"

Der Wassermann lächelte, als er das hörte. Und ohne im Saitenspiel innezuhalten, entgegnete er: „Aber Junge, das ist doch der Mond, der da aufgeht."

„Der – Mond?"

„Ja, der Mond", sprach der Wassermannvater.

Und weil ihm nun einfiel, daß ja der kleine Wassermann mit dem Namen allein nicht viel anfangen konnte, begann er dem Jungen vom Mond zu erzählen: Wie er in klaren Nächten über den Himmel zieht, wie er zunimmt und abnimmt und manchmal auch ganz verschwindet; und wie er dann doch immer wiederkommt und von neuem heranwächst, sich rundet und voll wird; und was er auf seinen Reisen schon alles erlebt haben mag und noch weiter erleben wird, bis an das Ende der Zeiten.

Und immer, wenn er dem Jungen ein Weilchen erzählt hatte, spielte der Wassermann wieder auf seiner Harfe, bevor er dann abermals anhob, um weiterzusprechen.

Der Mond war indessen schon höher emporgestiegen. Gemächlich kam er am Himmel dahergeschwommen. Der kleine Wassermann hatte sich rücklings ins Gras gestreckt, um ihn besser betrachten zu können.

Fast unmerklich hatte der Mond seine Farbe gewechselt. Er war nun aus einer Dotterblume zum funkelnden Silbertaler geworden. Und alles, was er mit seinen Strahlen nur anrührte, nahm seinen silbernen Glanz an. Er hatte den Himmel versilbert, die Wiesen, den Weiher, das Schilf und die tanzenden Nebelfrauen, den Kahn, der am Ufer lag, und das Laub auf den Bäumen.

„Jetzt treibt er geradewegs auf die alte Weide zu", sagte der Wassermannjunge auf einmal. „Er wird doch in ihren Zweigen nicht hängenbleiben?"

„Du kannst ja hinaufsteigen", meinte der Wassermannvater, verstohlen schmunzelnd, „und kannst ihm darüber hinweghelfen."

„Ja", sprach der Wassermannjunge, „das werde ich tun." Und er kletterte rasch auf die alte Weide hinauf, um den Mond aus den Zweigen zu heben. Aber er hatte sich unnütze Sorgen gemacht, und so sehr er sich reckte und dehnte – er konnte den Mond nicht erreichen. Schon wollte der Vater ihn wieder herunterrufen, da hörte er, wie ihn der Junge verwundert fragte: „Haben wir unten im Weiher denn auch einen Mond?"

„Nicht daß ich wüßte", sagte der Wassermannvater. „Wie käme ein Mond in den Weiher?"

„Aber ich sehe ihn doch!" rief der Wassermannjunge. „Ich sehe sie alle beide! Den einen am Himmel, den anderen unten im Wasser. Wie schön das ist, daß wir auch einen Mond haben! Wenn er uns nur nicht davonschwimmt ... Aber ich weiß schon, ich werde ihn einfangen! Wenn ich hinunterspringe, dann kann ich ihn festhalten! Denk nur, wie die Mutter sich wundern wird, wenn ich ihr plötzlich den Mond auf den Küchentisch lege!"

Ehe der Vater noch etwas auf diese Rede entgegnen konnte (es ist aber möglich, daß er das gar nicht im Sinn hatte), stürzte der kleine Wassermann sich von der Weide hinab in den Weiher. Er streckte im Fallen die Hände aus, um den Mond, der da funkelnd im Wasser trieb, nicht zu verfehlen.

Aber was war das? Als er mit seinen Fingerspitzen den Wasserspiegel berührte, löste der Mond sich in Ringe von silbernen Wellen auf.

„Hast du ihn?" fragte der Wassermannvater, kaum daß der prustende Junge wieder emporgetaucht war.

Aber er wartete seine Antwort nicht ab; denn er sah, wie der Junge nun selber mitten im flüssigen Silber schwamm und wie silberne Tropfen aus seinen Haaren sprühten, als er sich schüttelte.

Und das freute den Wassermann so, daß er wieder nach seiner Harfe griff und nicht aufhörte, weiterzuspielen, solange der kleine Wassermann drunten im mondbeschienenen Weiher sein Silberbad nahm.

Brüder Grimm

Die Wichtelmänner

Es war ein Schuster ohne seine Schuld so arm geworden, daß ihm endlich nichts mehr übrigblieb als Leder zu einem einzigen Paar Schuhe. Nun schnitt er am Abend die Schuhe zu, die er den nächsten Morgen in Arbeit nehmen wollte; und weil er ein gutes Gewissen hatte, so legte er sich ruhig zu Bett, empfahl sich dem lieben Gott und schlief ein.

Morgens, nachdem er sein Gebet verrichtet hatte und sich zur Arbeit niedersetzen wollte, standen die beiden Schuhe ganz fertig auf seinem Tisch. Er wunderte sich und wußte nicht, was er dazu sagen sollte. Er nahm die Schuhe in die Hand, um sie näher zu betrachten. Sie waren so sauber gearbeitet, daß kein Stich daran falsch war, gerade als wenn es ein Meisterstück sein sollte.

Bald darauf trat auch schon ein Käufer ein, und weil ihm die Schuhe so gut gefielen, so bezahlte er mehr als gewöhnlich dafür, und der Schuster konnte von dem Geld Leder für zwei Paar Schuhe erstehen.

Er schnitt sie abends zu und wollte den nächsten Morgen mit frischem Mut an die Arbeit gehen, aber er brauchte es nicht, denn als er aufstand, waren sie schon fertig, und es blieben auch nicht die Käufer aus, die ihm so viel Geld gaben, daß er Leder für vier Paar Schuhe einkaufen konnte.

Er fand frühmorgens auch die vier Paar fertig; und so ging's immerfort: was er abends zuschnitt, das war am Morgen verarbeitet, so daß er bald wieder sein ehrliches Auskommen hatte und endlich ein wohlhabender Mann ward.

Eines Abends, nicht lange vor Weihnachten, als der Mann wieder zugeschnitten hatte, sprach er vor dem Schlafengehen zu seiner Frau: „Wie wär's, wenn wir diese Nacht aufblieben, um zu sehen, wer uns solche hilfreiche Hand leistet?" Die Frau war einverstanden und steckte ein Licht an. Dann verbargen sie sich in den Stubenecken hinter den Kleidern, die da aufgehängt waren, und gaben acht.

Als es Mitternacht war, da kamen zwei kleine, niedliche, nackte Männlein, setzten sich vor des Schusters Tisch, nahmen alle zugeschnittene Arbeit zu sich und fingen an, mit ihren Fingerlein so behend und schnell zu stechen, zu nähen, zu klopfen, daß der Schuster vor Verwunderung die Augen nicht abwenden konnte. Sie ließen nicht nach, bis alles zu Ende gebracht war und fertig auf dem Tisch stand, dann sprangen sie schnell fort.

Am andern Morgen sprach die Frau: „Die kleinen Männer haben uns reich gemacht, wir müßten uns doch dankbar dafür zeigen. Sie laufen so herum, haben nichts am Leib und müssen frieren. Weißt du was? Ich will Hemdlein, Rock, Wams und Höslein für sie nähen und auch jedem ein Paar Strümpfe stricken; mach du jedem ein Paar Schühlein dazu."

Der Mann sprach: „Damit bin ich einverstanden", und abends, als sie alles fertig hatten, legten sie die Geschenke statt der zugeschnittenen Arbeit zusammen auf den Tisch und versteckten sich dann, um mit anzusehen, wie sich die Männlein dazu anstellen würden.

Um Mitternacht kamen sie herangesprungen und wollten sich gleich an die Arbeit machen. Als sie aber kein zugeschnittenes Leder, sondern die niedlichen Kleidungsstücke fanden, wunderten sie sich erst, dann aber zeigten sie eine gewaltige Freude. Mit der größten Geschwindigkeit zogen sie sich an, strichen die schönen Kleider am Leib und sangen:

„Sind wir nicht Knaben glatt und fein?
Was sollen wir länger Schuster sein!"

Dann hüpften und tanzten sie und sprangen über Stühle und Bänke. Endlich tanzten sie zur Tür hinaus, und von nun an kamen sie nicht wieder. Dem Schuster aber ging es wohl, solange er lebte, und es glückte ihm alles, was er unternahm.

Helga Schubert

Das Märchen vom Huuhuu

Es war einmal ein kleines Kind, und das hieß Huuhuu. Huuhuu brauchte erst nach Mitternacht ins Bett und erst nach dem Mittag in die Schule.

Es war nämlich ein Gespensterkind. Jeden Abend war es mit seinen Eltern zum Gruselnmachen unterwegs. Gruselnmachen wird immer schwerer, klagten die Eltern. Gespenstervater schimpfte über die hellen Straßenlaternen, denn sie ließen kaum noch dunkle Häuserecken übrig. Gespenstermutter zeterte über die Dauerbeleuchtung in den Hausfluren, denn früher hatten sie sich in den dunklen Hausfluren immer so schön aufwärmen können.

Wie groß war darum die Freude der Eltern, als es Huuhuu einmal schaffte, sich in eine Küche einzuschleichen, das ganze Geschirr vom Abwaschtisch auf den Boden zu pfeffern und gleichzeitig die Glastür zum Wohnzimmer so zuzuschlagen, daß die Scheibe rausfiel. In Wirklichkeit kam das mit der Tür durch einen Windzug. Aber Huuhuu wollte seine Eltern nicht enttäuschen und ließ sie in dem Glauben, daß es alles allein geschafft hatte.

Vater, Mutter und Huuhuu waren sehr zufrieden, daß sich alle in der Wohnung auch wirklich gruselten, ganz leise fragten: „Hast du das auch gehört?", sich dann die Bettdecke über den Kopf zogen und weiterschliefen. Huuhuu und seine Eltern aber mußten wieder ins Kalte raus und sich für das nächste Gruselnmachen was einfallen lassen. Wenn sie dann endlich zu Hause waren, schlief Huuhuu gleich ein. Am nächsten Mittag mußte es aufstehen, um pünktlich in der Schule zu sein.

Andere-zum-Gruseln-Bringen ist wirklich eine Wissenschaft für sich. Im Werkunterricht lernte Huuhuu Laken nähen und knoten, glühende Kohlen anfassen und vor den Augen befestigen, im Sport herumtapsen im Dunkeln, möglichst viel umstoßen, auf einem Dach balancieren und dabei mit schweren Ketten klirren, im Zeichnen Blutflecken aus Kirschsirup herstellen, in Musik wimmern in verschiedenen Tonhöhen, wie eine ungeölte Schranktür quietschen und gespenstisch kichern. Wenn es nicht gespenstisch genug kicherte, bekam es eine Fünf. „Nicht für die Schule, sondern für das Leben kicherst du", sagte die Musiklehrerin streng und ließ es zum Strafkichern nachsitzen. Klassenarbeiten mußte es auch schreiben, zum Beispiel zu dem Thema: „Wie bringe ich einen großen dicken Mann zum Gruseln, der immer gleich einschläft?" oder: „Wie bringe ich eine kleine dünne Frau wieder zur Ruhe, die sich zu sehr gruselt?"

Einmal, als Huuhuu im Bett lag und noch nicht so richtig müde war, wünschte es sich: Wenn ich mich doch auch mal richtig gruseln könnte, bloß, dachte es traurig, ich kenne doch nun fast schon alle Gespenstertricks. So richtig unheimlich müßte mir sein, ich müßte Schlurfschritte hören und müßte denken, das wird doch nicht etwa ein Gespenst sein, um Himmels willen. Und dann müßte der Wecker vom Stuhl fallen und die Lampe wakkeln, und dann müßten sich mir die Haare einzeln sträuben, und ich müßte eine Gänsehaut kriegen.

Plötzlich hörte Huuhuu ein grausliches Kratzen an den Fensterscheiben, mal leise, mal lauter. So etwas hatte es noch nie gehört. Huuhuu wurde sehr neugierig und wollte gleich nachsehen, woher das Geräusch kam. Vielleicht ein Streich von seinem Banknachbarn in der Schule? Aber der war ja krank. Und Kratzen an Fenstern von außen? Das war wirklich unerklärlich für Huuhuu. Vielleicht ist das Gruseln, wenn man sich etwas nicht erklären kann, dachte Huuhuu. Dann sehe ich jetzt nicht nach, was es ist, beschloß es. Ob draußen vielleicht kleine Knochen oder Eisenhämmerchen an das Fenster schlugen? Huuhuu hörte nur noch das Klopfen, und dann merkte es endlich so ein wundervolles Gefühl im Bauch und gruselte sich und gruselte sich und gruselte sich. Und lag in seinem warmen Bett und zog sich die Bettdecke über den Kopf und versuchte, das Kratzen auch dann noch zu hören.

Ja, es war noch da! Wenn ich mich schon grusele, wie werden sich dann erst die Menschen gruseln, dachte Huuhuu. Aber es irrte sich. Die Menschen hörten das Geräusch an den Fenstern zwar auch, aber sie standen auf und sagten zueinander: „Solch einen Hagel hatten wir ja schon jahrelang nicht mehr. Seht mal, da sind richtige Eisbrocken darunter. Hoffentlich bleiben die Fenster ganz."

Aber da war Huuhuu schon, zufrieden über das Unerklärliche, tief eingeschlafen. Es war eben noch ein sehr kleines Gespensterkind.

Gina Ruck-Pauquèt

Der kleine Nachtwächter und die Windmelodie

Es gibt Nächte, die sind still wie die tiefsten Stellen im Meer. Da kommt es vor, daß der kleine Nachtwächter singen muß, damit er sich nicht so verloren fühlt.

Aber in den Nächten, in denen der Wind weht, ist das nicht nötig. Da knarren die Fensterläden, die Blätter der Bäume rascheln, Gartentore ächzen, das Gras rauscht, und die Dachziegel klappern.

All diese Geräusche sind dem kleinen Nachtwächter wohlbekannt.

In einer Nacht jedoch erklang Musik. Es war eine sehr zarte Musik, ungefähr so zart wie Bienengesumm oder Schmetterlingsschnarchen, und der kleine Nachtwächter wußte nicht recht, was er davon halten sollte.

Als er aber vor das Haus des Drehorgelmannes kam, sah er, daß sich die Kurbel der Drehorgel wie von selbst drehte. Der kleine Nachtwächter rieb sich die Augen, und es dauerte eine Weile, bis er begriff.

„Oh", sagte er endlich, „ich glaube, der Wind macht Musik." Und noch ehe er sich darüber klarwerden konnte, ob es auch richtig war, daß der Wind einfach mitten in der Nacht musizierte, fuhren ihm die Klänge so in die Glieder, daß er wie verzaubert war. Der kleine Nachtwächter begann mit seiner Laterne zu tanzen. Es dauerte nicht lange, da kamen die Leute aus ihren Häusern. Der Drehorgelmann, das Mädchen mit den Luftballons, der Bauer, der Dichter und die Blumenfrau. Die süße Melodie war bis in ihre Träume geglitten und hatte sie aufgeweckt.

„Der Wind macht Musik!" rief der kleine Nachtwächter. „Wir wollen ein Fest feiern!"

Da nahmen die Leute sich bei den Händen, und sie tanzten miteinander, daß ihre Nachthemden nur so flatterten. Der Wind aber wurde übermütig und spielte immer lauter. Die Vögel wachten auf, die Rehe spitzten die Ohren, und die kleinen Katzen kamen und stellten sich im Halbkreis um die Tanzenden. Zuletzt schob sich sogar der Mond hinter den Wolken hervor und schaute zu. Bis zum frühen Morgen dauerte das Fest, dann wurden die Leute müde.

„Danke schön, lieber Wind", sagte der kleine Nachtwächter und gähnte ein bißchen. Da ließ der Wind die Drehorgel los und zog davon. Über die Dächer wehte er, an den Wäldern vorbei, und legte sich hinter den Bergen zur Ruhe. Aber bis dahin war der kleine Nachtwächter schon lange eingeschlafen.

Hans Georg Lenzen

Regen

Ich bin schon manchmal aufgewacht,
wenn's regnet mitten in der Nacht,
dann lieg ich da und höre:
Der Regen trommelt auf das Dach
und rauscht und plätschert wie ein Bach
durch unsere Regenröhre.

Und heult der Wind um unser Haus –
das macht mir überhaupt nichts aus,
das Kissen hält mich warm.
Die Welt ist draußen schwarz und kalt,
ich lieg in meinem Bett und halt
den Teddybär im Arm.

Angela Sommer-Bodenburg

Die Geschichte vom Rutsch-Gespenst

Es war einmal ein kleines Gespenst, das lebte in einem alten Gasthof. Dieser Gasthof hatte einen großen Bodenraum voller Gerümpel, in den nie eine Menschenseele kam. Wer interessierte sich auch schon für zerbrochene Stühle, mottenzerfressene Gardinen, verstaubte leere Weinkrüge und alte Schränke, in denen die Holzwürmer saßen?

Nur das kleine Gespenst lebte hier und fühlte sich wohl. Es hatte sich in einem der Schränke sein Bett gebaut, und dort verschlief es die Zeit bis Mitternacht. Erst wenn die Turmuhr zwölfmal geschlagen hatte, kam es gähnend hervor und reckte sich im Mondschein. Danach schlich es die Bodentreppe hinunter und lief die langen dunklen Gänge entlang.

Manchmal kam ihm im Schein des trüben Flurlichts jemand entgegen, der auf dem Weg in sein Zimmer war. Dann breitete es die Arme aus, ließ sein weißes Hemd flattern und rief dumpf und schauerlich: „Huiii …" Es machte ihm Spaß, wenn die Leute „Hilfe, ein Gespenst!" kreischten und wie aufgeschreckte Hühner davonrannten.

Eines Tages fuhr ein Ehepaar mit seiner neunjährigen Tochter an dem Gasthof vorbei. Weil es schon spät war und das Mädchen lieber in einem weichen Bett liegen wollte, als über die Landstraße zu jagen, sagte es: „Warum übernachten wir nicht in dem netten kleinen Gasthof da drüben?"

So nahmen sie zwei Zimmer, das eine für die Eltern, das andere für die Tochter, die übrigens Sesunna hieß. Sesunna freute sich über das große Himmelbett, das in ihrem Zimmer stand. Sie zog ihr Nachthemd an, setzte sich auf den Bettrand und aß noch eine Banane.

Dabei wurde sie so müde, daß ihr die Bananenschale mit einem Rest Banane darin aus der Hand glitt und sie hintenüber in das Kissen fiel.

So lag sie immer noch und schnarchte leise, als die Tür geöffnet wurde und das kleine Gespenst hereinspähte. Es war nämlich sehr neugierig, und neuangekommene Gäste guckte es sich gern persönlich an.

Sesunna gefiel ihm. Vorsichtig machte es ein paar Schritte ins Zimmer hinein, ließ sein Hemd flattern und wollte gerade den Mund zu einem unheimlichen „Huiii …" öffnen – da trat es auf die Bananenschale und fiel der Länge nach hin. Durch den Lärm wurde Sesunna wach.

Sie rief: „Wer ist da?"

„Nie-niemand", stotterte das Gespenst,

raffte sich mühsam auf und humpelte zur Tür.

„Warte!" rief Sesunna. „Ich wollte schon immer ein echtes Gespenst kennenlernen."

„Tut mir leid", antwortete es. „Ich muß mein Fußgelenk kühlen." Damit huschte es zur Tür hinaus. Sesunna sprang aus ihrem Bett, um ihm zu folgen.

Doch als sie in den Gang hinaustrat, war es bereits verschwunden – als hätte es sich in Luft aufgelöst. „So ein Pech!" sagte sie und ging mißmutig zu ihrem Bett zurück. „Da trifft man endlich ein waschechtes Gespenst, und was passiert? Es verstaucht sich den Fuß!"

Sie hatte kaum zu Ende gesprochen, als sie auf die Bananenschale trat und hinschlug.

Am nächsten Morgen erschien sie hinkend beim Frühstück.

„Was ist denn mit dir geschehen?" riefen die Eltern.

„Nichts", sagte sie zähneknirschend. „Es war nur ein Gespenst in meinem Zimmer, das ist auf einer Bananenschale ausgerutscht."

„Und deshalb mußt du humpeln?" lachten sie. „So ein Unsinn!" Und den Gastwirt fragten sie: „Oder haben Sie hier ein Hausgespenst?"

„Aber ich bitte Sie!" sagte der Gastwirt. „Gespenster gibt es doch nur im Märchenbuch."

Das war natürlich gelogen, und zur Strafe rutschte er, als er Sesunnas Bettwäsche abziehen wollte, ebenfalls auf der Bananenschale aus. Sesunna war traurig, als sie nach dem Frühstück weiterfahren wollten.

„Tschüs, kleines Gespenst", sagte sie, während sie zum Auto hinkte. Es ist allerdings fraglich, ob das kleine Gespenst ihren Abschiedsgruß gehört hat. Um die Zeit schlief es ja – mit einem nassen Lappen, den es sich um sein Fußgelenk gewickelt hatte.

Petra Milde

Ein Gespenst zieht um

In Stefans Schrank wohnt ein Gespenst.
Mama sagt, das ist Unsinn. Gespenster wohnen nicht in Schränken. Papa sagt, Gespenster wohnen nirgends, weil es nämlich keine Gespenster gibt. Stefan nickt dann. Mama und Papa haben natürlich recht.

Mama sagt gute Nacht, Papa sagt gute Nacht. Stefan liegt in seinem Bett, und alles ist still.
Sein Nachttischlämpchen ist an, denn ganz dunkel mag Stefan es beim Einschlafen nicht haben. Wenn er dann eingeschlafen ist, macht Mama die Lampe aus, aber das stört ihn nicht. Er schläft ja dann. Aber noch schläft er nicht. Ganz leise hört er Musik. Mama und Papa sitzen im Wohnzimmer und haben den Plattenspieler an.
Stefan schaut zum Schrank. Ganz dunkel steht er da hinten in der Ecke. Ganz dunkel, groß und still. Stefan schließt die Augen, weil er jetzt schlafen will.
Da – was war das? Stefan öffnet die Augen wieder und sieht sich um. Nichts. In der Ecke steht der Schrank.
Ich brauche keine Angst zu haben, denkt Stefan. Schließlich gibt es doch keine Gespenster. Und in meinem Schrank sowieso nicht. Aber er kann doch nicht einschlafen. Immer wieder sieht er hinüber zum Schrank.

Er setzt sich auf im Bett.
Nein, so kann das nicht weitergehen! Irgendwas muß geschehen, sonst wird er jeden Abend diesen blöden Schrank anstarren.
Da hat er plötzlich eine Idee! Ja, so wird er es machen! Stefan legt sich zurück und schließt die Augen.
Dann stellt er sich den Schrank vor. Dunkel und groß. Aber nicht still! Jetzt stellt er sich vor, daß die eine Schranktür langsam aufgeht. Sie quietscht ein bißchen. Sie öffnet sich weiter und weiter, bis Stefan in den Schrank schauen kann. Und dort unten, zwischen seinem Rucksack und dem Fußball, sitzt ein kleines weißes Gespenst und sieht ihn an.
„Hallo, Stefan", sagt das Gespenst. „Tut mir leid, daß ich dir das sagen muß, aber in deinem Schrank gefällt es mir überhaupt nicht. Es ist so eng, und frische Luft kriege ich hier drinnen auch nicht. Darum werde ich jetzt umziehen zu meinem Onkel, der wohnt in einem alten Turm, ganz weit weg von hier. Da ist es viel schöner."
Und dann schwebt es heraus. In der linken Hand hat es einen Koffer, der wohl sehr schwer ist. Das kleine Gespenst ächzt und stöhnt. Und mit der rechten Hand zieht es eine Kette hinter sich her. Eine schwere, lange, rasselnde Kette, so wie ein richtiges Gespenst sie haben

muß. Die Schranktür schließt es ordentlich hinter sich – Ordnung muß sein. (Es macht es genauso wie Stefan immer, es gibt der Tür einfach einen Tritt, so daß sie zufällt.)

Das Gespenst schwebt durch die Luft, ächzend und rasselnd, geradewegs hin zur Zimmertür. Aber glaubt ja nicht, daß es durch diese Tür genauso ordentlich geht wie eben durch die Schranktür. Nein – Gespenster lieben die Abwechslung, und darum hat dieses Gespenst beschlossen, durchs Schlüsselloch zu verschwinden. Es schwebt davon und wird plötzlich kleiner und kleiner. Dann ist es nur noch so groß wie eine dicke Fliege.

„Tschüs, Stefan", ruft es noch, und dann schlüpft es durchs Schlüsselloch und ist weg.

Jetzt öffnet Stefan seine Augen wieder. Er blickt zum Schrank. Ja, jetzt ist alles in Ordnung. Stefan dreht sich um und kuschelt sich in sein Kissen. Es dauert gar nicht lange, und er schläft zufrieden ein.

Hans Christian Andersen

Die Prinzessin auf der Erbse

Es war einmal ein Prinz, der wollte eine Prinzessin heiraten, aber es sollte eine wirkliche Prinzessin sein. Da reiste er in der ganzen Welt herum, um eine solche zu suchen, aber überall war etwas im Wege. Prinzessinnen gab es genug, aber ob es wirkliche Prinzessinnen waren, konnte er nicht herausfinden. Immer war etwas, was nicht so ganz in Ordnung war. Da kam er wieder nach Hause und war ganz traurig, denn er wollte doch so gerne eine wirkliche Prinzessin haben.

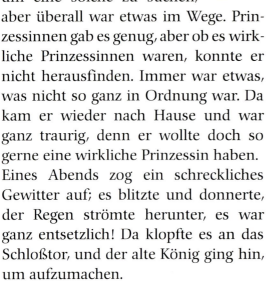

Eines Abends zog ein schreckliches Gewitter auf; es blitzte und donnerte, der Regen strömte herunter, es war ganz entsetzlich! Da klopfte es an das Schloßtor, und der alte König ging hin, um aufzumachen.

Es war eine Prinzessin, die draußen vor dem Tore stand. Aber, o Gott! Wie sah die von dem Regen und dem bösen Wetter aus! Das Wasser lief ihr von den Haaren und Kleidern herunter; es lief in die Schnäbel der Schuhe hinein und an den Hacken wieder heraus. Und doch sagte sie, daß sie eine wirkliche Prinzessin sei.

Ja, das werden wir schon erfahren! dachte die alte Königin. Aber sie sagte nichts, ging in die Schlafkammer hinein, nahm alle Betten ab und legte eine Erbse auf den Boden der Bettstelle; darauf nahm sie zwanzig Matratzen und legte sie auf die Erbse und dann noch zwanzig Eiderdaunendecken über die Matratzen. Da mußte nun die Prinzessin die ganze Nacht liegen. Am Morgen wurde sie gefragt, wie sie geschlafen habe.

„Oh, schrecklich schlecht!" sagte die Prinzessin. „Ich habe meine Augen fast die ganze Nacht nicht geschlossen! Gott weiß, was da im Bett gewesen ist! Ich habe auf etwas Hartem gelegen, so daß ich ganz braun und blau an meinem ganzen Körper bin! Es ist ganz entsetzlich!"

Nun sahen sie ein, daß sie eine wirkliche Prinzessin war, da sie durch die zwanzig Matratzen und die zwanzig Eiderdaunendecken hindurch die Erbse gespürt hatte. So empfindlich konnte niemand sein als eine wirkliche Prinzessin.

Da nahm der Prinz sie zur Frau, denn nun wußte er, daß er eine wirkliche Prinzessin besitzt; und die Erbse kam auf die Kunstkammer, wo sie noch zu sehen ist, wenn niemand sie gestohlen hat.

Sieh, das war eine wahre Geschichte.

Ursula Fuchs

Prinzessin auf der Erbse

Es ist Abend. Der Wind streicht ums Haus. Im Wohnzimmer brennt die rote Lampe.

Justus hat Bär die Geschichte von „Schneeweißchen und Rosenrot" vorgelesen. Jetzt ist das Märchen von der „Prinzessin auf der Erbse" dran.

Die beiden sitzen eng aneinandergekuschelt in dem großen Sessel. Das macht warm.

„Und wenn die Prinzessin nicht gestorben ist, so lebt sie heute noch", sagt Justus.

Er klappt das Märchenbuch zu und stellt fest, es ist höchste Zeit zum Schlafengehen, für Bär. Bär bleibt still sitzen. So still, daß Justus ihn fragt, was er denn hat.

„Nichts", sagt Bär.

Na, dann kann er ja ins Bett gehen. Das kann Bär aber nicht. Er muß Justus noch was fragen. Etwas sehr Wichtiges.

„Was denn?"

Bär fragt, ob Justus sich vorstellen kann, daß er ein verzauberter Prinz ist. Justus schaut ihn an, streichelt ihm den Bauch und sagt, er kann sich das überhaupt nicht vorstellen. Er sagt, daß Bär ein richtiger Bär ist und immer schon ein Bär war.

Bär mag jetzt aber das Bauchstreicheln nicht. Woher Justus denn so genau weiß, daß er nicht verzaubert ist.

Justus weiß das natürlich nicht genau. Was kann er schon so genau wissen? Vielleicht ist Bär eben doch kein Bär. Vielleicht ist er wirklich ein verzauberter Prinz.

„Eben", sagt Bär und läuft in die Küche. Er holt aus der Erbsentüte eine grüne, harte Erbse, stopft sie in seinem Bett unter die Matratze. Wenn ihn heute nacht die Erbse drückt und er morgen früh blaue Flecken hat, dann ist er ein Prinz. Ein richtiger Prinz. So war das nämlich in dem Märchen von der „Prinzessin auf der Erbse" auch.

Bär krabbelt ins Bett und zieht die Blümchendecke bis unter die Arme. Justus krault ihm den Nacken. Da, wo Bär den kleinen hellen Fleck im Fell hat. „Schlaf gut, du verzauberter Prinz!" Bär hält seine Hand fest. Er muß Justus noch was fragen.

„Himmel, was denn jetzt noch?"

Bär setzt sich. Er zählt die Blümchen auf der Decke. Eins, zwei, drei, vier, fünf, sechs, sieben. Er soll schon fragen.

Bär fragt, was sie denn morgen früh machen, wenn nun herauskommt, daß er ein Prinz ist. Justus überlegt. Also, wenn Bär ein Prinz ist, müssen sie ja gleich morgen früh ein Schloß für ihn suchen. Weil Prinzen nun mal in Schlössern wohnen. Das ist wohl klar.

„Du meinst das wirklich ehrlich?"

„Ganz ehrlich." Justus nickt.

„Juchhu!" Bär reißt beide Arme hoch. „Dann können wir in dem Schloß richtig schön spuken und Gespenster spielen."

Er hüpft auf der Matratze wie ein Ball. Justus hält ihn fest. „Du, Bär, Prinzen hüpfen aber nicht auf dem Bett herum. Sie schreien nicht, spielen auch nicht Gespenster."

„Und warum tun sie das nicht?"

„Weil sie viel zu gut erzogen sind."

„Ich bin aber nicht gut erzogen!" Bär grinst, legt Justus seine Pfoten um den Hals und sagt, er freut sich schon darauf, wenn sie beide auf das Schloß ziehen.

„Da mußt du schon allein ziehen", sagt Justus.

Allein? Will Justus denn nicht mit? Nein, er will nicht. Aber er kann doch Bär nicht allein lassen. Doch, das kann er. Denn Justus will in seiner Wohnung bleiben. Die ist zwar klein und kein Schloß. Aber ihm gefällt sie trotzdem.

„Du gehst wirklich nicht mit mir auf mein Schloß?" fragt Bär.

„Wirklich nicht!" Und nun soll Bär endlich schlafen. Justus wird das Licht ausknipsen.

„Nein, nein, nein, noch nicht!" schreit Bär.

Vorher muß er noch was suchen.

„Was denn?"

Die Erbse unter der Matratze.

Aber die hat Bär doch eben erst versteckt. Und die muß da bleiben. Bär will doch wissen, ist er nun ein Prinz oder ist er keiner.

„Will ich nicht!" schreit Bär. „Ich will kein Prinz sein, und ein Schloß will ich auch nicht."

„Was willst du denn?" fragt Justus.

„Bei dir bleiben will ich", heult Bär und drückt sich ganz fest in Justus' Arme.

Ein Kopfkissen voller Träume

Johann Peter Hebel

Der vorsichtige Träumer

In dem Städtlein Witlisbach im Kanton Bern war einmal ein Fremder über Nacht, und als er ins Bett gehen wollte und bis auf das Hemd ausgekleidet war, zog er noch ein Paar Pantoffeln aus dem Bündel, legte sie an, band sie mit den Strumpfbändern an den Füßen fest und legte sich also in das Bette.

Da sagte zu ihm ein anderer Wandersmann, der in der nämlichen Kammer übernachtet hat: „Guter Freund, warum tut Ihr das?"

Darauf erwiderte der erste: „Wegen der Vorsicht. Denn ich bin einmal im Traum in eine Glasscherbe getreten. Da habe ich im Schlaf solche Schmerzen davon gehabt, daß ich um keinen Preis mehr barfuß schlafen möchte."

Mascha Kaléko

Der Mann im Mond

Der Mann im Mond hängt bunte Träume,
die seine Mondfrau spinnt aus Licht,
allnächtlich in die Abendbäume,
mit einem Lächeln im Gesicht.

Da gibt es gelbe, rote, grüne
und Träume ganz in Himmelblau.
Mit Gold durchwirkte, zarte, kühne,
für Bub und Mädel, Mann und Frau.

Auch Träume, die auf Reisen führen
in Fernen, abenteuerlich.
– Da hängen sie an Silberschnüren!
Und einer davon ist für dich.

Gina Ruck-Pauquèt

Der kleine Stationsvorsteher und der Flugzeugtraum

Meistens ist der kleine Stationsvorsteher zufrieden mit sich und der Welt. Er läßt die Züge ein- und wieder ausfahren, und wenn er den Bahnsteig entlanggeht, lächeln ihm die Leute zu.

Eines Tages aber wird er auf die Flugzeuge aufmerksam, die am Himmel entlangziehen.

„Die Flugzeuge reisen nach Tokio", denkt der kleine Stationsvorsteher, „nach New York und Nevada. Meine Züge fahren immer nur von einem Dorf zum anderen und höchstens bis in die nächste Stadt." Da fängt er an, sein Leben langweilig zu finden, und er wird immer unzufriedener.

„Was er nur hat", denken die Leute, die ihn täglich sehen.

„Träumst du schlecht?" fragt die dicke Pflaumenbäuerin eines Abends. Der kleine Stationsvorsteher schweigt. Die Dämmerung sinkt hernieder, und als es dunkel ist, kann er die Lichter der Flugzeuge sehen. Lange sitzt er vor seinem Haus, bis er endlich ins Bett geht.

Dann träumt er, daß er in ein Flugzeug einsteigt und fliegt. Es ist genauso schön, wie er es sich immer vorgestellt hat. Vielleicht ist es sogar noch schöner. Zwischen weißen Wattewolken geht es im Sonnenschein dahin. Der kleine Stationsvorsteher ist sehr glücklich.

Doch als das Flugzeug ein wenig tiefer fliegt, erblickt er plötzlich unten auf der Erde einen wunderbaren Platz – einen kunterbunten Garten, ein Häuschen und eine spielzeugkleine Eisenbahn.

„Da möchte ich sein", sagt der kleine Stationsvorsteher. „Ich will, daß wir landen!" ruft er. Doch das Flugzeug fliegt immer weiter. Der kleine Stationsvorsteher schreit und bittet und bettelt. Es hilft alles nicht. Da fängt er an zu weinen. Und weil davon sein Kopfkissen naß wird, wacht er schließlich auf.

Er geht hinaus und begreift, daß er an dem wunderbaren Platz ist, den er vom Flugzeug aus gesehen hat.

„Vielleicht muß man erst mal von zu Hause fort, um zu erkennen, wie gut man es hat", denkt der kleine Stationsvorsteher. „Und sei es nur im Traum."

Dorothée Kreusch-Jacob

Ich hab ein Schmusekissen

1. Ich hab ein Schmusekissen, ein Kissen weich und schön.
Und ohne dieses Kissen mag ich nicht schlafen gehn.
Und ohne dieses Kissen mag ich nicht schlafen gehn.

2. Mein Schmusekissen duftet
nach vielem und – nach mir,
nach Blumen auf der Wiese,
im Ernst, das schwör ich dir.

3. Auf meinem bunten Kissen,
da gibt es viel zu sehn,
ich kann mit meinen Augen
darauf spazierengehn.

4. Auf meinem Kissen flieg ich
bis übers weite Meer,
da, wo die Träume schlafen,
mein Kissen mag ich sehr.

5. Mein weiches Schmusekissen,
das halt ich fest im Arm,
so bin ich nicht alleine
und fühl mich müd und warm.

Melodie: Dorothée Kreusch-Jacob

James Krüss

Die allerkleinste Poststation

Die allerkleinste Poststation,
Die steht in keinem Lexikon.
Sie liegt, mein liebes Kind,
Drei Meilen hinterm Wind.

Dort trägt ein alter Marabu
Bei Nacht dem Monde Briefe zu.
Ein solcher Brief ist zart
Und von besondrer Art.

Der Umschlag ist aus Spinnenweb,
Und was im Brieflein drinnen steht,
Mein Kind, das rätst du kaum:
Im Brieflein steht ein Traum.

Der Marabu schreibt in dem Brief,
Was du geträumt im Schlafe tief.
Er schreibt den ganzen Traum
Auf einen Federflaum.

All diese Briefe liest er dann
Und ordnet sie, so gut er kann,
Und wenn ein Brief sich lohnt,
Dann fliegt er ihn zum Mond.

Zuweilen trägt der Marabu
Ein Brieflein auch der Sonne zu.
Die Sonne lächelt dann
Und scheint, so hell sie kann.

Doch leider ist das gar nicht oft
Und selten nur und unverhofft,
Weil Träume, liebes Kind,
Fürs Tageslicht nichts sind.

Doch träumst du mal besonders fein
Und gibt's am Morgen Sonnenschein
Dann hat dein Traum bei Nacht
Der Sonne Spaß gemacht.

Nun weißt du, was die Poststation,
Die sich in keinem Lexikon
Und keinem Buche find't,
Bedeutet, liebes Kind!

Nortrud Boge-Erli

Vom kleinen Jungen, dem Träumerich und dem Löwipon

Ein kleiner Junge weinte nachts immer, und zwar deshalb: Kaum hatte er die Augen zugemacht, kaum war seine Mutter aus dem Kinderzimmer gegangen, da schlich der Träumerich herein.

Der Träumerich trug ein langes Flickenkleid und brachte einen Haufen häßlicher Träume mit.

Weil der Junge noch sehr klein war, konnte er noch nicht so gut laufen. Oft purzelte er und tat sich weh. Der Träumerich brachte all die Dinge mit, an denen man sich weh tun kann, und immer waren sie doppelt so groß als in Wirklichkeit.

Das Tischbein machte der Träumerich hoch wie einen Berg, die Treppen im Hausflur glitschig und aus Eis, so daß der kleine Junge kopfüber rollte.

Am schlimmsten aber war, daß der Träumerich sagte: „Deine Mutter ist weg. Such sie nur! Du wirst sie nicht finden. Sie ist weg!" Und der Träumerich wirbelte sich so schnell vor dem Jungen herum, daß er aussah wie viele, viele Träumeriche.

Da schreckte der kleine Junge im Bettchen hoch und rief laut nach seiner Mutter und weinte.

Die Mutter kam natürlich angelaufen, denn sie war nur nebenan im Wohnzimmer gewesen und nicht weg. „Was ist denn, mein Schatz, was hast du?" fragte sie, aber der Junge war noch zu klein, als daß er es hätte sagen können.

Die Mutter streichelte den Jungen und beruhigte ihn. Dann ging sie wieder nach nebenan ins Wohnzimmer. Kaum aber war sie weg, schlich der Träumerich schon wieder herein. Er brachte lauter fremde Gesichter mit und zeigte sie dem kleinen Jungen.

„Ich will meine Eltern sehn!" bat der Junge, aber der Träumerich sagte: „Die kannst du nicht sehn, die sind nicht da." Wieder schreckte der Junge auf und weinte. So ging das viele Nächte. Die Mutter und der Vater des Jungen machten sich schon Sorgen. Sie überlegten hin und her, wie sie ihrem Kind wohl helfen könnten. Und weil sie es sehr lieb hatten, nahmen sie den kleinen Jungen einfach mit in ihr großes Bett. Bis dorthin fand der Träumerich nicht. Später trugen die Eltern den Jungen aber doch wieder in sein Bett, und gleich schlich sich der Träumerich an, und alles war wie zuvor.

Im Herbst, am Sankt-Martins-Tag, liefen alle Kinder mit Lampions durch die Straßen. Ein Mann hatte sich als Sankt Martin verkleidet und ritt auf einem

Pferd. Am Schluß zündeten die Feuerwehrleute einen riesigen Scheiterhaufen an. Alle Kinder sangen, und die Blasmusik spielte dazu.

Auch der kleine Junge ging mit. Seine Mutter hielt ihn an der Hand, und er selbst trug einen prächtigen Lampion. Der Lampion war goldgelb und hatte vorn einen Löwenkopf aufgeklebt und hinten einen Löwenschwanz.

„Das ist ein Löwenlampion", sagte die Mutter.

Der kleine Junge aber sagte: „Löwipon" und „Löwipon schön", denn er konnte ja noch nicht so gut sprechen.

An diesem Abend schlüpfte der kleine Junge nicht in das große Bett seiner Eltern. Er kletterte ganz allein in sein Kinderbett. Den Löwipon mußte die Mutter ans Bettende stecken. Der Junge machte die Augen zu und wartete auf den Träumerich. Wirklich, der kam wie an jedem Abend. Aber diesmal weinte der Junge nicht. Er rief nur leise: „Löwipon, komm, komm schnell!"

Dem Löwipon mußte der Junge gar nichts mehr sagen. Der verstand sofort. Er blies seinen gelben Bauch auf, so hell er konnte, und sagte: „Hier bin ich, kleiner Junge, was soll ich für dich tun?"

„Bitte", sagte der Junge, „bitte Träumerich wegpusten!"

„Aber klar!" Und der Löwipon baute sich vor dem Träumerich auf, schüttelte seine mächtige Löwenmähne: „Ha! Hu! Weg mit dir, finstrer Wicht!"

Da hättet ihr sehen sollen, wie schnell der Träumerich verschwand. Ganz schrumpelig und klein wurde er in seinem Flickenkleid, und alle bösen Träume schrumpelten mit ihm. „Hu!" machte der Löwipon noch einmal.

Da war der Träumerich weggeblasen und traute sich nie wieder ins Kinderzimmer. Der Löwipon aber hatte einen wunderschönen Traum mitgebracht, vom Sandkasten und dem tollen Tunnel, den der Junge am Tag gebaut hatte, von den Enten im Stadtpark, die man füttern konnte, von der Rutsche, die sein Vater ihm gebastelt hatte. Auf der sausten die Spielautos so doll hinunter, daß der kleine Junge sogar im Schlaf lachte.

Dorothée Kreusch-Jacob

Ich schenk dir einen Regenbogen

1. Ich schenk dir einen Regenbogen,
rot und gelb und blau!
Ich wünsch dir was! Was ist denn das?
Du weißt es ganz genau!

2. Ich schenk dir hundert Seifenblasen,
sie spiegeln mein Gesicht.
Ich wünsch dir was!
Was ist denn das?
Nein – ich verrat's dir nicht!

3. Ich schenk dir eine weiße Wolke
hoch am Himmel dort.
Ich wünsch dir was!
Was ist denn das?
Es ist ein Zauberwort.

4. Ich schenk dir einen Kieselstein,
den ich am Wege fand.
Ich wünsch dir was!
Was ist denn das?
Ich schreib's in deine Hand.

5. Ich schenk dir einen Luftballon,
er schwebt ganz leicht empor.
Ich wünsch dir was!
Was ist denn das?
Ich sag's dir leis ins Ohr!

6. Ich schenke dir ein Kuchenherz,
drauf steht: „Ich mag dich so!"
Ich wünsch dir was!
Was ist denn das?
Jetzt weißt du's sowieso!

Melodie: Dorothée Kreusch-Jacob

Ute Andresen

Traum

Ich träume oft von einem Tier.
Ich träume, es wär mein.
Ich träume dann, es käm zu mir
und sagte: „Sperr mich ein!"

Ich träume, daß es Hunger hat
und Angst, doch nicht vor mir.
Ich träume dann, ich mach es satt
und sag: „Ich bin bei dir!"
Ich streichle es.
Da hält es still, so still. –
Ich atme kaum,
weil ich es nie verlassen will,
und wär's auch nur im Traum.

Monika Seck-Agthe

Der blaue Vorhang

„Also, schlaf gut!" hörte Robin noch die Stimme seiner Mutter – dann schloß sie die Kinderzimmertür hinter sich, und er war allein.

Wie jeden Abend kuschelte er sich gemütlich unter seinem Federbett zurecht. Nur ein Fuß mußte rausgukken. Warum gerade ein Fuß? Das hatte er sich irgendwann angewöhnt, und jetzt gehörte der rausguckende Fuß einfach dazu.

Ans Schlafen dachte Robin allerdings noch nicht. Erstens war er noch nicht so müde, und zweitens erwartete er noch Besuch. Keinen Besuch natürlich, der an der Haustür klingeln müßte – den hätten seine Eltern ja auch gar nicht mehr reingelassen. „Robin schläft schon", hätten sie gesagt, „den wollen wir jetzt nicht mehr stören."

Der Besuch, auf den Robin wartete, der kam durch keine Tür. Auch nicht durchs Fenster oder durchs Schlüsselloch – sondern aus dem blauen Vorhang, den seine Mutter jeden Abend, nachdem sie das Fenster geschlossen hatte, zuzog. Robin brauchte sich nur ganz still hinzulegen und den blauen Vorhang genau im Auge zu behalten.

So wie jetzt. Im Zimmer war es fast dunkel – nur undeutlich konnte Robin noch Möbel und Spielsachen erkennen: das große Regal, auf dem Autos, Stofftiere und Bilderbücher standen; die Holztruhe mit den Bausteinen; der Kleiderschrank; das Aquarium, in dem aber keine Fische waren, sondern die Puppen für sein Kaspertheater; das Klettergerüst aus Holz, das sein Vater gebaut hatte; das Mobile, das von der Decke runterhing, und natürlich die vielen Bilder und Plakate, die Robin alle selbst gesammelt hatte.

Robin lag ganz bewegungslos und ruhig in seinem Bett. Da! Hatte sich der blaue Vorhang jetzt eben nicht ein bißchen bewegt? Robin hielt die Luft an. Er war gespannt, wer es heute sein würde, der aus den dicken, blauen Vorhangfalten herauskommen würde.

Gestern war es eine Fee gewesen – aber eine richtige, mit langem spitzem Hut mit einem Schleier dran und einem wallenden Gewand. Sie hatte den Namen Felicitas, was ja zu einer Fee ausgesprochen gut paßte.

Und vor ein paar Tagen war Freddi, das Schwein, zu Besuch gekommen. Robin mußte lachen, als er sich daran erinnerte, wie das Schwein an seinem Regal geschnüffelt hatte und dabei mit seinem geringelten Schwanz gewackelt hatte. Einmal war es mit seiner Schnauze ganz nah an sein Bett gekommen, und Robin hatte seinen Zeigefinger in das große Schweinenasenloch gesteckt. Es hatte sich angefühlt wie ein feuchter Radiergummi und sah aus wie eine Steckdose, und außerdem mußte das Schwein niesen.

Jetzt bewegte sich der Vorhang ganz eindeutig. Robin konnte es genau sehen. Er beulte sich an manchen Stellen richtig aus, und man hörte es schnaufen. Was konnte das sein? Robin beobachtete gespannt, was passierte. Plötzlich wurden seine Augen kugelrund vor Erstaunen – was sich da aus dem Vorhang herauswühlte, das war ein Pferd – ein richtiges, großes, lebendiges Pferd! Riesig und schön und braun stand es mitten in Robins Zimmer und schüttelte seine lange, dichte Mähne. Dazu schnaufte es kräftig und stampfte leise mit den Hufen auf dem Teppich.

„Mensch, Meier!" entfuhr es Robin, „das ist ein Ding!" Mit einem Pferd hatte er nun wahrhaftig nicht gerechnet.

„Da staunst du, was?" sagte plötzlich eine Stimme. „Hast noch nie ein Pferd gesehen, oder wie?"

Robin riß wieder die Augen auf. Jetzt stand ihm auch noch der Mund offen. Sperrangelweit. Ein Pferd, das sprechen konnte! Unglaublich!

„Mensch, Junge, mach deinen Mund zu! Es zieht ja sonst wie Hechtsuppe!" Das Pferd warf seinen Kopf hoch und wieherte ganz hell, so als ob es lachen würde. Robin klappte seinen Mund zu.

„Bist du eigentlich stumm? Guten Tag könntest du mir ja wenigstens mal sagen!" Das Pferd bewegte beim Sprechen jedesmal sein großes Maul, so daß Robin seine riesigen gelben Zähne sehen konnte.

„Du müßtest wohl mal zum Zahnarzt – aber ja, stimmt – erst mal guten Tag." Robin hatte sich von seinem Erstaunen wieder erholt und fand es jetzt eigentlich schwer in Ordnung, zu so später Stunde noch Besuch von einem Pferd zu haben. Wenn nur seine Eltern nichts davon hörten! Das Pferd hatte nämlich eine ganz schön laute Stimme.

„Zahnarzt? Haha!" wieherte es jetzt ganz laut los, so daß Robin erschrocken einen Finger vor seine Lippen legte. „He!" wisperte er aufgeregt, „wieher hier nicht so laut rum! Was meinst du, was los ist, wenn meine Eltern dich hören! Wenn die dich hier erwischen, schmeißen sie dich sofort raus!"
Das Pferd schüttelte den Kopf, so daß seine Mähne flog. Jetzt schnaubte es wieder kräftig durch die Nase. „Brauchst du ein Taschentuch?" fragte Robin.
Das Pferd holte tief Luft. „Erst redest du gar nichts, dann redest du so viel auf einmal, daß man kaum mitkommt", sagte es ein bißchen ärgerlich. „Also paß auf: Erstens muß ich nicht zum Zahnarzt. Meine Zähne sind zwar nicht ganz weiß, aber trotzdem gesund. Das gibt's. Zweitens können mich deine Eltern gar nicht so einfach rausschmeißen, weil ich größer bin und mich wehren kann. Drittens brauche ich kein Taschentuch. Pferde schnauben eben ab und zu mal durch die Nase. Aber wenn du mir einen Gefallen tun willst, dann hol mir doch bitte einen Eimer mit Wasser, denn ich habe einen riesigen Durst. Kannst du das wohl machen?"
Erwartungsvoll blickten die großen, dunklen Pferdeaugen Robin an. Tolle lange Wimpern hat es, dachte Robin, und laut sagte er: „Wasser? Muß denn das sein? Da muß ich noch mal rausgehen ins Bad!"
„Na und?" Das Pferd guckte erstaunt.
„Na ja ... wenn meine Eltern das hören, daß ich noch mal aufstehe, dann kommen sie aus dem Wohnzimmer und fragen, was los ist. Und wenn ich denen sage, in meinem Zimmer steht ein Pferd und braucht Wasser ..."
„Ach papperlapapp", schnitt das Pferd Robin kurzerhand das Wort ab. „Du bist eben ganz leise, und dann hört keiner was. Bitte, Robin, tu mir den Gefallen – ich hab doch solchen Durst!"
Die dunkle Pferdestimme kriegte plötzlich so einen quengeligen Unterton, daß Robin richtig lachen mußte.
„Also, ich probier's", sagte er gutmütig und stieg aus dem Bett. „Aber verhalte dich jetzt bitte ganz ruhig, solange ich nicht da bin!"
Robin drückte langsam und vorsichtig die Türklinke runter und schlich auf Zehenspitzen auf den Flur. Im Wohnzimmer brannte noch Licht, und er konnte hören, daß der Fernseher lief. Um so besser, dachte er, dann kriegen die ja so schnell nichts mit.
Im Bad suchte er nach einem Eimer – natürlich war keiner da. Robin schlich in die Küche und holte aus dem Besenschrank den roten Putzeimer. Er nahm ihn mit ins Bad, stellte ihn in die Wanne und ließ kaltes Wasser einlaufen.
Der Eimer war jetzt ein Drittel voll und schon so schwer, daß Robin ihn nur noch mit großer Mühe hochheben konnte. Daß Wasser so schwer ist, dachte er und wuchtete den Eimer über den Wannenrand. Auf dem Flur hielt er den Atem an und schleppte, ohne das geringste Geräusch zu machen, den Eimer an der Wohnzimmertür vorbei.

Jetzt war er wieder in seinem Zimmer. Er atmete erleichtert auf. Geschafft! Keiner hatte ihn gehört.

Gerade wollte er die Tür hinter sich zuziehen – da hörte er plötzlich Schritte auf dem Flur und dann die Stimme seiner Mutter. „Robin? Ist irgendwas los?" Robin stellte blitzschnell den Eimer hinter sich ab und steckte den Kopf zur Türe raus. Dabei hielt er die Tür so, daß seine Mutter das Pferd nicht sehen konnte. Ihm klopfte das Herz bis zum Hals vor Aufregung.

„Is nix los, Mammi, ich mußte nur noch mal, ich geh jetzt aber gleich wieder ins Bett – bin sooo müde..." Dazu gähnte er höchst wirkungsvoll.

„Na gut!" antwortete seine Mutter. „Dann schlaf mal schön. Gute Nacht!", und sie verschwand wieder im Wohnzimmer.

Robin plumpste ein dicker Stein vom Herzen. Das war ja gerade noch mal gutgegangen!

Als er sich umdrehte, sah er das Pferd, dessen Kopf halb im Wassereimer verschwand, schon ganz gierig trinken.

„Mensch, tut das gut!" Es schmatzte genießerisch beim Trinken. „Eine einzige Wohltat! Dank dir, Robin – ich werd's dir nie vergessen!"

Robin hatte sich wieder in seine Bettdecke eingewickelt, denn er hatte durch die nächtliche Aktion eiskalte Füße bekommen. Außerdem, wenn er ehrlich war, mußte er zugeben, daß er jetzt langsam müde wurde.

„Na, Junge, willst du jetzt schlafen?" Das Pferd bewegte sich auf Robins Bett zu. Jetzt war es schon so nah, daß Robin es richtig riechen konnte. Und was für ein schöner Geruch! So warm und gut und nach Stall und nach molligem Fell roch es!

Robin seufzte. „Ein bißchen müde bin ich schon..."

„Na, das ist ja auch ganz natürlich!" sagte das Pferd fast altklug. „Bist ja auch noch ein ziemlich kleiner Junge. Aber schön war es bei dir – das muß ich schon sagen." Liebevoll beugte das Pferd seinen Kopf über den vor Müdigkeit blinzelnden Robin. „Weißt du was? Ich habe dich richtig gern." Und dann fuhr es ganz zärtlich mit seiner samtigen Pferdeschnute über Robins Wange.

„Mensch, deine Nase ist ja weich wie Samt..." Robin machte genießerisch die Augen zu. „Und wie das riecht..." flüsterte er vor sich hin.

Im Halbschlaf sah er noch, wie das Pferd wieder auf den blauen Vorhang zuging und darin verschwand. Ob es wohl wiederkommt? dachte er noch – aber dann war Robin auch schon ganz fest eingeschlafen.

Karl Krolow

Schlaflied im Sommer

Nun träumen im Kleefeld die Hasen
und spitzen im Schlafe ihr Ohr.
Im Dunkel duftet der Rasen.
Es spüren mit feinen Nasen
die Füchse am Gartentor.

Nun redet im Walnußbaume
vorm Fenster der nächtliche Wind.
Nun atmen Birne und Pflaume
und wollen reifen. Im Traume
mit Händen greift sie mein Kind.

Es rufen die Uhren die Stunde
durchs schlafende Sommerhaus.
Im Hofe knurren die Hunde.
Mein Kind ruht, die Fäustchen am Munde.
Ich lösche die Kerze aus.

Von großen und kleinen Tieren

Heinrich Hannover

Das Pferd Huppdiwupp

Es war einmal ein Pferd, das hieß Huppdiwupp und konnte ganz hoch springen. Es stand auf einer Wiese, aber da war gar nichts hoch genug zum Drüberspringen. Da sagte es zu einer Maus:

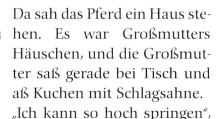

„Mach mal einen ganz großen Buckel, ich will über dich springen!" Und die Maus strengte sich an und machte einen ganz großen Buckel, und das Pferd Huppdiwupp sprang huppdiwupp drüber hinweg.

„Ach, du bist ja viel zu klein", sagte das Pferd.

Da sah es einen Hund.

„Mach mal einen Buckel, ich will über dich springen!" Und der Hund machte einen Buckel, und das Pferd sprang drüber hinweg. Aber auch der Hund war viel zu klein. Da sagte das Pferd zu einem Kalb:

„Mach mal einen Buckel, ich will über dich springen!" Und das Kalb machte einen Buckel, und huppdiwupp sprang das Pferd Huppdiwupp drüber hinweg. Aber auch das Kalb war ihm noch zu klein. Da sagte es zu einer Kuh:

„Mach mal einen Buckel, ich will über dich springen!" Und die Kuh machte einen Buckel, und das Pferd sprang drüber hinweg.

„Das war schon besser", sagte Huppdiwupp, „aber ich kann noch viel höher springen."

Da sah das Pferd ein Haus stehen. Es war Großmutters Häuschen, und die Großmutter saß gerade bei Tisch und aß Kuchen mit Schlagsahne.

„Ich kann so hoch springen", sagte das Pferd, „ich will über Großmutters Haus hinwegspringen." Und es nahm einen Anlauf und sprang – huppdiwupp – los.

Aber das Haus war doch höher, als Huppdiwupp springen konnte; das Pferd verhedderte sich mit den Beinen in der Fernsehantenne, und – rumskadabums – sauste es durch die Dachziegel hindurch mitten ins Zimmer hinein, wo die Großmutter saß. Mit dem linken Vorderfuß landete es in der Kakaotasse, mit dem rechten im Apfelkuchen, mit dem linken Hinterfuß blieb es in der Milchkanne stecken, und mit dem rechten Hinterhuf platschte es mitten in die Schlagsahne.

„Nanu", sagte die Großmutter, „was sind denn das für Sitten?"

„Ja, ich wollte über dein Haus springen", sagte das Pferd, „und hab es nicht ganz geschafft."

„Soso", sagte die Großmutter, „dann wollen wir es noch einmal gemeinsam versuchen; aber vorher mußt du dich ein bißchen stärken."

„Au fein", sagte das Pferd, „ich habe nämlich heute noch gar nicht gefrühstückt." Die Großmutter wischte dem Pferd

Huppdiwupp die Schlagsahne vom rechten Hinterfuß, und dann aßen sie gemeinsam, was noch übrig war.

„Jetzt fühle ich mich aber stark", sagte das Pferd Huppdiwupp, als der Kuchen bis auf den letzten Krümel aufgegessen war.

„Ja, ich auch", sagte die Großmutter. „Jetzt wollen wir zusammen über das Haus springen."

Und dann stieg die Großmutter auf das Pferd und ritt die Treppe hinunter. Sie nahmen einen noch größeren Anlauf, und – huppdiwupp – da sausten sie durch die Luft.

Aber – ich weiß nicht, vielleicht hatten sie doch zuviel Schlagsahne gegessen – das Pferd schaffte es auch diesmal nicht und blieb mit dem Bauch oben auf dem Schornstein hängen.

Da hing nun das Pferd auf dem Schornstein von Großmutters Häuschen, und die Großmutter saß oben drauf. Zuerst fanden sie das beide ganz lustig, die Großmutter freute sich über die schöne Aussicht, und dem Pferd war es von dem Rauch am Bauch schön warm. Aber weil der Rauch nicht so richtig aus dem Schornstein herauskonnte, ging unten in Großmutters Häuschen der Ofen aus. Und dann wurde es ungemütlich. Zum Glück kam gerade der Schornsteinfeger vorbei. Er hat seine lange Leiter angestellt, und darauf ist dann die Großmutter heruntergeritten. Das Pferd wollte gleich noch einmal über das Haus springen. Aber die Großmutter sagte: „Nein, danke, jetzt ist der Ofen aus und der Kuchen alle und das Dach kaputt, mir reicht's für heute."

Ursula Wölfel

Die Geschichte von den Nilpferden

Einmal haben drei Nilpferde im Fluß gelegen und sich gelangweilt. Da ist ein Mann gekommen, der wollte die Nilpferde fotografieren. Die drei haben ihm zugesehen, wie er sich den Fotoapparat vor die Augen gehalten hat. Der Mann hat geknipst – aber da war kein Nilpferd mehr zu sehen. Sie waren untergetaucht, und der Mann hatte nur das Wasser fotografiert. Er hat gewartet. Endlich sind die Nilpferde wieder aufgetaucht. Aber sie waren jetzt viel weiter unten am Fluß. Der Mann ist schnell dorthin gelaufen. Die Nilpferde haben im Wasser gelegen und mit den Ohren gewedelt und zugesehen, wie der Mann gerannt ist. Dann hat er wieder geknipst – aber da war kein Nilpferd mehr zu sehen. Der Mann hatte wieder nur das Wasser fotografiert. Er hat sich auf einen Stein gesetzt und gewartet. Endlich sind die Nilpferde wieder aufgetaucht. Aber diesmal waren sie viel weiter oben am Fluß. Der Mann ist gleich wieder losgerannt. Die Nilpferde haben im Wasser gelegen und mit den Augen geblinzelt und zugesehen, wie der Mann schwitzen und japsen mußte. Dann hat der Mann wieder geknipst – aber da war kein Nilpferd mehr zu sehen. Er hatte wieder nur das Wasser fotografiert. Und so ist es immer weitergegangen. Die Nilpferde haben den Mann hin und her rennen lassen, aber am Abend hatte er nur zwanzigmal das Wasser fotografiert, und die Nilpferde waren vergnügt, weil sie sich den ganzen Nachmittag nicht mehr gelangweilt hatten.

Ana Maria Machado

Quackel, die Ente

Es war einmal ein prächtiger Bauernhof mit vielen Tieren. Da gab es Hengste und Stuten mit ihren kleinen Fohlen. Da gab es Stiere und Kühe mit ihren kleinen Kälbern. Da gab es Ziegenböcke und Ziegen mit ihren kleinen Zicklein. Und es gab Eber und Sauen mit ihren kleinen Ferkeln.

In der Nähe des Bauernhauses, dort wo die Kinder immer spielten, lag der Hühnerhof. Aber auf dem Hühnerhof lebten nicht nur die Hähne und die Hühner mit ihren kleinen Küken. Es gab dort auch anderes Federvieh: Truthähne, Enten und Gänse.

Dort lebte auch die Familie von Herrn und Frau Ente. Diese Entenfamilie war das Niedlichste, was es auf dem Bauernhof gab, denn die Entenküken waren gerade aus den Eiern geschlüpft. Die kleinen Enten waren ganz gelb, ganz weich und sahen aus wie Wattebällchen.

Diese Geschichte fängt an einem Tag an, der für Familie Ente sehr wichtig war. Er war so wichtig, daß sie ihn feiern wollten. Alle Entenväter und Entenmütter finden immer, daß ihre Entenkinder die schönsten Kinder der Welt sind. Auch Herr und Frau Ente waren von ihren Kindern begeistert. Und deshalb wollten sie an dem Tag, an dem ihre Kinder das erste Mal schwammen, ein Fest veranstalten.

Die Entenecke im Hühnerhof war schön hergerichtet. Es gab einen Tisch voller Maiskuchen, der den Gästen angeboten werden sollte, wenn sie vom Teich zurückkehrten.

Die anderen Bewohner des Hühnerhofes hatten eine Kapelle gebildet, die spielte, als die kleinen Enten zum Teich watschelten. Und auf dem Weg dahin sangen alle: „Ins Wasser, ins Wasser, ins Wasser geht es jetzt …"

Am Ufer des Teiches zeigten bunte Fähnchen die Stelle an, an der die kleinen Enten ins Wasser gehen würden. Frau Ente gab dem kleinen Quietsch einen Kuß. Platsch! war er im Wasser. Schwupp! tauchte er unter. Pitschpatsch, pitsch-patsch, paddelte er davon. Dann war Quecki an der Reihe. Und man hörte nur Platsch! Plitschplatsch-plitsch-platsch. Und so war es bei allen anderen kleinen Enten. Bei allen, außer bei einer.

Als Quackel an der Reihe war, hörte es sich ganz anders an. Frau Ente gab ihm einen Kuß. Aber dann hörte man nur: Platsch! „Iiiiiiiiiih!" Und er kam aus dem Wasser gerannt. Alle umringten ihn und wollten wissen, was los war. „Was war denn los? Was war denn los? Hat dich ein Fisch gebissen?"

Quackel heulte: „Wasser ist scheußlich! Es ist eiskalt und naß! Das ist nichts für mich! Da gehe ich nie in meinem Leben wieder rein! Brrr? Wie kalt!" Und er rannte nach Haus.

Frau Ente war so traurig, daß sie das Fest absagen wollte. Herr Ente aber sagte: „Das hätte gerade noch gefehlt. Die anderen Kinder sind alle brav ins Wasser gegangen. Sollen sie nun etwa nicht mehr feiern? Kommt nicht in Frage!"

Quackel aber war das Fest egal. Er hatte nur eins im Kopf. Und das war, daß er nie im Leben wieder ins Wasser gehen wollte.

Die Zeit verging, aber er blieb dabei. Quackels Geschwister waren den ganzen Tag im Teich, schwammen, tauchten, steckten den Kopf ins Wasser, um die Fische auf dem Grund zu sehen. Spielten im Schilf am Ufer Verstecken. Lachten, spielten und hatten viel Spaß miteinander. Quackel saß unter einem Baum und las. Er las das Märchen vom häßlichen Entlein, die Geschichte von Peter und dem Wolf. Er war immer ganz allein, hatte keine Freunde.

Eines Tages kam ein Küken vorbei und sagte: „Ich bin Pieps. Wollen wir Räuber und Gendarm spielen?" Die beiden zogen los und spielten sehr schön miteinander. Es kamen noch andere Küken dazu, zwei Truthahnküken und eine Ente, die Schnupfen hatte und deshalb nicht ins Wasser durfte. Schließlich waren es so viele Kinder – das heißt Tierkinder –, daß sie sogar zwei Fußballmannschaften aufstellen konnten. Das war der Anfang der Hühnerhof-Fußballmeisterschaft. Sie spielten jeden Nachmittag.

Bis eines Tages Pieps Torwart war und einen Ball durchließ, den er eigentlich hätte fangen müssen. Alle machten sich über ihn lustig. „Du Hühnchen! Du Hühnchen!" Pieps wurde fuchsteufelswild, schnappte den Ball, klemmte ihn unter einen Flügel und rannte weg. Er war so wütend, daß er nicht einmal merkte, wie er immer näher ans Wasser kam und ... platsch, war es passiert!

Als Pieps im Wasser gelandet war, schrie er: „Hilfe, ich kann nicht schwimmen!"

Die anderen Küken konnten auch nicht schwimmen! Die kleinen Truthähne auch nicht. Enten aber können es schon von Geburt an. Und Quackel konnte doch seinen Freund nicht im Stich lassen. Er sprang ins Wasser, und dann hörte man nur noch plitsch-platsch, plitsch-platsch. Im Nu war Pieps wohlbehalten wieder an Land.

Aber Quackel wollte überhaupt nicht wieder aus dem Wasser herauskommen. Es war so herrlich, so erfrischend nach einem Fußballspiel in der heißen Sonne.

Wer später am Teich vorüberkam, der schaute zweimal hin, so lustig war das, was er sah: Auf den Bojen saßen Hühnerküken und Truthahnküken, die von sechs Entchen hin- und hergezogen wurden. Das hatte sich Quackel ausgedacht, der endlich entdeckt hatte, wie schön es im Wasser ist!

Ludvik Askenazy

Die Maus Silvie und der Kater Cicero

Eine kleine Maus wohnte in einem alten Weinfaß. Und sie liebte ihre Wohnung über alles.

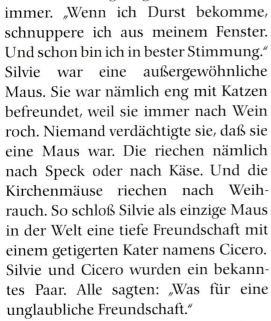

„Ach, ich bin ja so stolz auf meine Wohnung", sagte Silvie immer. „Wenn ich Durst bekomme, schnuppere ich aus meinem Fenster. Und schon bin ich in bester Stimmung." Silvie war eine außergewöhnliche Maus. Sie war nämlich eng mit Katzen befreundet, weil sie immer nach Wein roch. Niemand verdächtigte sie, daß sie eine Maus war. Die riechen nämlich nach Speck oder nach Käse. Und die Kirchenmäuse riechen nach Weihrauch. So schloß Silvie als einzige Maus in der Welt eine tiefe Freundschaft mit einem getigerten Kater namens Cicero. Silvie und Cicero wurden ein bekanntes Paar. Alle sagten: „Was für eine unglaubliche Freundschaft."

Von anderen Katzen angesprochen, sagte Cicero: „Ich weiß nicht, es ist irgendwie anregend. Eine beschwipste Maus kommt aus einem Weinfaß, legt ihr Köpfchen auf meine Pfote, und ich kann sie nicht fressen. Unfaßbar, was?"

„Du", sagten die bekannten Kater aus der Gegend. „Ausgerechnet du kannst sie nicht fressen? Du, Cicero?"

Alle gewöhnten sich an das seltsame Paar. Nur die Katzen machten um Cicero einen Riesenbogen und sagten verächtlich: „Hampelmann, läßt sich von einer Maus einfangen." Und manche riefen ihm sogar nach: „Cicero, Mäuseknecht!"

Aber die beiden waren glücklich. Cicero wartete täglich am Kellerfenster und rief ungeduldig nach unten: „Mach schnell, daß du heraufkommst, heute gehen wir in den Wald."

„Hier gibt's doch keinen Wald", rief die Maus aus dem Weinfaß.

„Ach, ich will dich doch nur herauslocken", rief Cicero. „Mach schnell, daß du heraufkommst! Ich will nicht, daß du ganz beschwipst bist."

„Komm doch lieber runter", sagte die Maus, „was gibt's schon da oben?"

Dann verschwand Cicero im Weinkeller, und man hörte draußen nur ein vergnügtes Miau-miau und ein begeistertes Piep-piep. Dann kamen beide in bester Stimmung heraus und gingen spazieren. Cicero sagte mit tiefer Stimme: „Nie könnte ich so etwas auffressen wie dich. Du bist doch einmalig." Sie wurden das Liebespaar des Jahres genannt und wollten sogar heiraten. Das hat sich unter den Kindern herumgesprochen, und jedes wollte Trauzeuge sein. Doch niemand wußte, wo Katze und Maus getraut werden können.

Hoffmann von Fallersleben

Wer hat die schönsten Schäfchen?

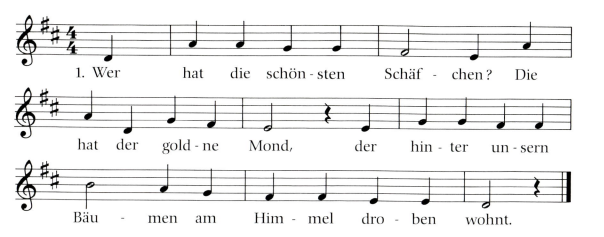

1. Wer hat die schönsten Schäfchen? Die hat der gold-ne Mond, der hinter unsern Bäumen am Himmel droben wohnt.

2. Er kommt am späten Abend,
   wenn alles schlafen will,
   hervor aus seinem Hause
   zum Himmel leis und still.

3. Dann weidet er die Schäfchen
   auf seiner blauen Flur,
   denn all die weißen Sterne
   sind seine Schäfchen nur.

4. Sie tun sich nichts zuleide,
   hat eins das andre gern,
   sind Schwestern und sind Brüder
   da oben Stern an Stern.

Melodie: Joh. F. Reichard

Gina Ruck-Pauquèt

Der kleine Zauberer und der Fisch

Mit allen ist der kleine Zauberer befreundet. Mit den Menschen, mit den Tieren und mit den Pflanzen auch. Und immer, wenn er so seiner Wege geht, trifft er viele Bekannte.

„Guten Tag, kleiner Zauberer", rufen die Kinder, wenn sie ihm begegnen.
„Guten Tag", antwortet der kleine Zauberer, und manchmal hebt er seinen Zauberstab und läßt ein paar bunte Bonbons herunterregnen.
„Guten Tag", grunzt das freundliche, dicke Wildschwein, die Ziege meckert ihm fröhlich zu, die Rehe neigen ihre Köpfe, der Rabe krächzt einen munteren Gruß, und die Pferdchen reiben die Köpfe an seiner Schulter.
Die Bäume winken mit tausend Blätterhänden, und die Blumen blinzeln ihm zu.
An einem warmen, sonnigen Tag spazierte der kleine Zauberer zwischen den Wiesen entlang. Da begegnete ihm ein Fisch. Es war ein besonders hübscher Fisch, und der kleine Zauberer grüßte ihn höflich und ging vorüber.
Doch als er ein Stück weitergegangen war, blieb er plötzlich stehen. Es fiel ihm ein, daß er niemals zuvor einen Fisch auf einer Wiese gesehen hatte. Er kratzte sich hinter dem linken Ohr und an der Nasenspitze und dachte nach.
„Blumen gehören auf die Wiese", dachte er, „Vögel an den Himmel und Fische ins Wasser." Und er lief schnell den Weg zurück.
„Wohnst du hier?" fragte der kleine Zauberer den Fisch.
„Ach nein", antwortete der Fisch traurig. „Ich bin einer Frau aus der Tasche gesprungen, und jetzt suche ich den nächsten See."
„Der nächste See ist weit", sagte der kleine Zauberer. „Fast so weit wie die weißen Federwolken."
„Dann muß ich vertrocknen", seufzte der Fisch, und er weinte eine winzige Träne.
Der kleine Zauberer beschloß, dem Fisch zu helfen. Ganz sanft rührte er mit seinem Zauberstab die Träne an. Und die Träne wuchs und wuchs, bis sie zu einem kristallklaren See geworden war.
Da sprang der Fisch hinein und war gerettet. Und weil er ein wirklich netter Fisch war, hat er sich auch sehr bedankt. Als die Menschen und die Tiere den schönen See entdeckten, wunderten sie sich sehr. Und ein jeder, der von seinem Wasser trank, wurde ein bißchen glücklich davon.

Winfried Wolf

Die kleine Katze

Ein Junge wünschte sich sehnlichst eine Katze. Klein sollte sie sein und wuschelig, und Wischwasch sollte sie heißen. Doch die Eltern waren dagegen.

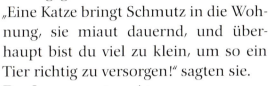

„Eine Katze bringt Schmutz in die Wohnung, sie miaut dauernd, und überhaupt bist du viel zu klein, um so ein Tier richtig zu versorgen!" sagten sie.
Der Junge war traurig.
Aber am Abend, als die Eltern in sein Zimmer kamen, um ihm gute Nacht zu sagen, flüsterte er: „Pst, nicht so laut, meine kleine Katze Wischwasch schläft schon!" Die Eltern waren verwundert.
Am Morgen nahm der kleine Junge einen feuchten Lappen, öffnete die Tür, ließ seine kleine Katze herein, die es gar nicht gab, und wischte ihr die Pfoten ab. Er gab ihr zu trinken, fütterte sie und spielte den ganzen Tag mit ihr.
Die Eltern wußten nicht, was sie tun sollten, und wurden noch ratloser, als ihr Junge am nächsten Tag wieder mit seiner unsichtbaren Katze spielte. Er nahm sie so vorsichtig auf den Arm und streichelte sie zart, daß die Mutter dachte: Wie behutsam er mit ihr umgeht! Und sie glaubte fast, die kleine Katze, die es gar nicht gab, behaglich schnurren zu hören.
Am Abend sprachen Mutter und Vater lange miteinander.
Und als der kleine Junge an einem frühen Morgen aufwachte, sah er in einem Körbchen an seinem Bett eine kleine Katze schlafen!
Erst wollte er gleich aus dem Bett stürzen, sie auf den Arm nehmen und streicheln. Aber dann schaute er sie nur an. Und als seine Mutter ins Zimmer kam, sagte er: „Pst, meine kleine Katze Wischwasch schläft noch, du darfst sie nicht aufwecken!"

Josef Guggenmos

Rosi läuft weg

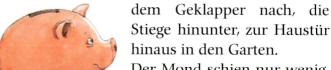

Manche Kinder nehmen zum Einschlafen eine Puppe in den Arm, andere einen Teddybär. Bettina konnte nicht einschlafen, wenn nicht Rosi neben ihr auf dem Kissen lag. Rosi war rundlich, niedlich, rosarot. Rosi war ein Sparschwein.

Ehe die Eltern zu Bett gingen, schauten sie noch einmal ins Kinderzimmer. Dann nahm die Mutter das Sparschwein aus Bettinas Bett und stellte es auf das Schemelchen, das danebenstand. Das Sparschwein war ja aus hartem Ton, und wenn Bettina sich im Schlaf daraufgelegt hätte, hätte das einen blauen Fleck gegeben.

Einmal wachte Bettina auf, mitten in der Nacht. Ein Geräusch hatte sie aufgeweckt. Da war es wieder, ein merkwürdiges Rasseln! Was konnte das nur sein? Das klang ja genauso, wie wenn Geldstücke aneinanderklappern! Jetzt wieder!

Bettina setzte sich geschwind auf. Da sah sie gerade noch, wie etwas Kleines, Rundes, Helles zur Tür hinauslief. Sie schaute auf das Schemelchen. Wahrhaftig, es war leer!

So etwas, ihre Rosi lief davon! Ein Glück, daß die Geldstücke in Rosis Bauch solchen Lärm machten, sonst hätte Bettina geschlafen und geschlafen, und am Morgen wäre kein Sparschwein mehr dagewesen! Bettina ging dem Geklapper nach, die Stiege hinunter, zur Haustür hinaus in den Garten.

Der Mond schien nur wenig, und Rosi trippelte so flink auf ihren kurzen Beinen dahin, daß Bettina ihr Sparschwein bald aus den Augen verlor. Aber dann hörte sie wieder das Klappern in Rosis Bauch: kli-kla-kli-kla-kli!

Als Bettina schon ganz nahe war, machte das Geld plötzlich nicht mehr kli-kla-kli-kla-kli, sondern ganz geschwind kli-kli-kli-kli-kli-kli-kli! Rosi zitterte in höchster Angst. Unter einem Johannisbeerbusch war ein unheimliches Fauchen, Schnaufen und Niesen zu hören.

Recht geschieht dir, daß du dich so fürchten mußt, dachte Bettina. Warum läufst du mir davon! Fast hätte Bettina selber Angst gekriegt. Wer machte mitten in der Nacht im Garten einen so komischen Lärm?

Jetzt kam etwas unter dem Johannisbeerbusch hervor. Es war nicht viel größer als Rosi und auch so rund wie sie. Aber es war dunkel und glich einer wandelnden Bürste. Bettina hatte ein großes Tier oder einen Menschen erwartet. Sie war erleichtert, als sie einen Igel entdeckte. Der Igel trippelte auf Rosi zu, stupfte sie mit der schwarzen Schnauze an und grunzte: „Was bist du für ein Igel, daß du keine Stacheln hast?"

„I-i-ich bin kein Igel", stotterte Rosi, die noch immer zitterte. „Ich bin ein Spi-Spa-Sparschwein."

„Du Gi-Ga-Gar-Keinschwein, oder wie du heißt, was tust du hier im Garten?" fragte der Igel. „Suchst du auch in allen Ecken Äpfel, Würmer, Mäuse, Schnecken?"

„Ich suche in gar keiner Ecke Äpfel, Würmer, Mäuse, Schnecken", entgegnete Rosi. „Mir steckt man Geld in den Bauch."

„Geld in den Bauch?" fragte der Igel ungläubig.

„Ja", beteuerte Rosi, „durch den Schlitz im Rücken."

„Durch den – was?" rief der Igel verwundert. „Ich habe mein Lebtag noch niemand gesehen mit einem Schlitz im Rücken!"

Er lehnte sich mit seinen Vorderbeinen auf ihren runden Rücken, um den Schlitz mit seinen kurzsichtigen Augen genau zu betrachten.

„Wirk", rief er. Ehe er noch -lich! sagen konnte, erscholl ein fürchterliches Geldgerassel. Unter seinem Gewicht war Rosi umgekollert.

Der Igel, der auf sie draufgefallen war, hatte sich bald wieder aufgerappelt.

„Du kannst einen Krach machen!" rief er. „Bemerkenswert! Sehr bemerkenswert!"

„Das kommt von dem vielen, vielen Geld in meinem Bauch", berichtete Rosi stolz. Sie lag noch immer auf der Seite und schaute mit verdrehtem Kopf zum Igel hinauf. „So viel Geld wie jetzt habe ich noch nie gehabt", erzählte sie stolz. „Vor ein paar Tagen hatte Bettina Geburtstag. Schon wochenlang vorher hatte sie allen Leuten gesagt: Schenkt mir diesmal ja keine Schokolade oder ähnliches Zeug! Wenn ihr mir etwas geben wollt, dann bitte bloß Geld! Ich spare nämlich für ein Fahrrad. Tante Helga, Bettinas Patentante, hat sogar ein dickes Fünfmarkstück in mich gesteckt!" Rosi versuchte, ein zufriedenes Gesicht zu machen, so gut das in ihrer unbequemen Lage ging.

„Bemerkenswert! Sehr bemerkenswert!" rief der Igel. „Aber sag einmal, du Li-La-Daliegstdu-Schwein, oder wie du heißt, warum stehst du eigentlich nicht auf?"

„Das Geld!" stöhnte das Sparschwein. „Das ganze viele schwere Geld in meinem Bauch ist alles auf meine linke Seite gerutscht. Jetzt muß ich immer auf der linken Seite liegenbleiben."
Der Igel zeigte, daß er ein netter Kerl war. Er trippelte um Rosi herum, schob seine Schnauze unter ihre linke Seite und half ihr hoch – das Geld rasselte an seinen richtigen Platz zurück, und Rosi stand wieder auf ihren Beinen.
„Na, das wäre geschafft!" rief der Igel schnaufend nach der schweren Arbeit.
„Tausend Dank!" sagte Rosi, wie sich's gehört.
„Gern geschehn!" erwiderte der Igel. „Aber sag einmal, du Wi-Wa-Wunderschwein, oder wie du heißt, wo willst du eigentlich hin?"
„Erstens bin ich kein Weiß-Gott-was-für-ein-Schwein, sondern ein Sparschwein", erklärte Rosi, „und zweitens laufe ich ganz einfach irgendwohin."
„Hm!" machte der Igel, daß ein dürres Blatt, das auf der Erde lag, emporwirbelte. „Erstens bist du ein Sparschwein, und zweitens läufst du mit Bettinas erspartem Geld ganz einfach irgendwohin?"
„Ja, das tu ich!" rief Rosi schmollend. „Ich hab es satt, immer nur in der Bettecke im Kinderzimmer zu stehen. Satt! Satt! Ich will auch einmal etwas von der Welt sehen. Jawohl!"
„Das kann ich durchaus verstehen", entgegnete der Igel. „Sparschwein, hör zu! Ich mach dir einen Vorschlag. Komm mit mir! Im Wald habe ich eine hübsche Wohnung unter einem Reisighaufen. Da hast du gut auch noch Platz. Und am Abend gehen wir immer zusammen aus. – Du schnappst mir doch bestimmt keine Äpfel, Würmer, Mäuse, Schnecken weg?"
„Nein, ganz bestimmt nicht! Du kannst ganz beruhigt sein!" versicherte das Sparschwein.
„Na, dann los! Geschwind hinaus aus dem Garten, bevor dich Bettina am Ende doch noch erwischt!"
Die beiden begannen zu rennen. Aber das Geld in Rosis Bauch machte nur klikla … Wuppdiwupp! da hatte Bettina schon zugepackt und ihre Rosi eingefangen.
„Aber, aber!" rief Bettina. „Rosi, was soll das heißen? Ausreißen willst du mir? Das kommt gar nicht in Frage! Was hast du vorhin gesagt? Dir ist langweilig? Hör zu! Morgen darfst du mit in die Stadt, zur Sparkasse! Du mußt ohnehin dringend geleert werden, es paßt ja schon fast nichts mehr in dich hinein. Und noch etwas: Von nun an stelle ich dich tagsüber immer ans Fenster, damit du hinausschauen kannst. Bist du zufrieden?"
Rosi nickte erfreut.
„Und du, Igel!" fuhr Bettina fort. „Was würdest du sagen, wenn ich dir jeden Abend einen Apfel, oder was ich sonst Gutes habe, hierher in den Garten legen würde?"
„Bemerkenswert! Äußerst bemerkenswert!" rief der Igel vergnügt.
„Also gut, abgemacht!" rief Bettina. „Für heute gute Nacht, Igel! – Komm, Rosi, ins Bett!"

Gina Ruck-Pauquèt

Der kleine Zoowärter und die Fledermäuse

An einem frühen Morgen kommen die Fledermäuse. Sie huschen im Zimmer des kleinen Zoowärters herum, bis er endlich aufwacht.
„Guten Tag", sagt er verschlafen. „Nett, daß ihr mich besucht."
„Wir besuchen dich nicht", piepst die Oberfledermaus. „Wir sind in großer Verzweiflung."
Und da merkt der kleine Zoowärter, daß die Fledermäuse schrecklich aufgeregt sind.
„Das alte Schloß ist abgerissen worden!" berichten sie ihm. „Dort haben wir seit vielen Generationen gelebt! Jetzt sind wir obdachlos."
„Oh, du große Not!" sagt der kleine Zoowärter. „Was nun?"
Er bietet den Fledermäusen an, in seinem Zimmer zu übernachten. Doch so einfach ist das nicht.
„Wir übernachten nie", sagt die Oberfledermaus. „Nachts jagen wir. Wir brauchen einen Platz zum Übertagen. Aber wir können nur schlafen, wenn wir mit dem Kopf nach unten hängen."

Lange denkt der kleine Zoowärter nach. Dann läuft er in die Zoowaschküche, wo die Decken für die Pferde gewaschen werden, die Giraffenhalstücher und die Pantoffeln vom Wolf. Er wickelt die lange Wäscheleine auf und nimmt sie mit. Dann spricht er mit den anderen Tieren.
„Fledermäuse machen keinen Lärm", erklärt er. „Nachts sind sie sowieso nicht da, und am Tage schlafen sie."
„Na schön", sagt schließlich der Elefant, der sehr freundlich ist. „Wenn sie nicht schnarchen, sollen sie bei mir einziehen."
„Oh, danke!" ruft der kleine Zoowärter. Im hintersten Winkel des Elefantengeheges, da, wo es dämmerig ist, spannt er die Wäscheleine aus.
Dann holt er die Fledermäuse.
Bald hängen sie da, die Köpfe nach unten, und schlafen. Geschnarcht haben sie bis jetzt nicht. Oder vielleicht doch? Aber dann schnarchen sie so leise, daß selbst der Elefant es nicht hört. Und der hat die größten Ohren.

Dany Laurent

Dachs mit Brille

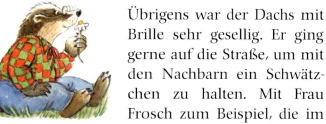

Es war einmal ein Dachs, der trug eine Brille. Jeder nannte ihn deshalb Dachs mit Brille. Er trug die Brille, weil er ziemlich schlecht sehen konnte. Er war noch nicht alt, aber ohne Brille verwechselte er sogar Elefanten mit Pinseläffchen.

Wenn er abends aufwachte, suchte er zuerst seine Brille auf dem Nachttisch und setzte sie sich auf die Nase. Dann konnte er sich im Badezimmerspiegel erkennen.

Ohne Brille hielt er sich für einen australischen Pinguin oder für ein struppiges Murmeltier.

Er wusch sich den Rücken, die Ohren, die Haare … o Verzeihung! … das Fell und kämmte sich. Er schnitt Grimassen vor dem Spiegel, stieg erst in seine Hose, dann in sein kariertes Hemd, und manchmal setzte er auch noch einen Strohhut auf den Kopf. Wenn er gute Laune hatte, pflückte er im Vorbeigehen eine Margerite aus dem Garten und steckte sie sich an den Hut.

All das hätte der Dachs mit Brille niemals tun können, wenn er keine Brille gehabt hätte. Ohne Brille hätte er sich wohl die Zähne mit dem Handfeger geputzt, die Haare mit dem Rechen gekämmt, einen Putzlappen als Hemd angezogen, und zum Schluß wäre er mit dem Milchtopf auf dem Kopf aus dem Haus gegangen.

Übrigens war der Dachs mit Brille sehr gesellig. Er ging gerne auf die Straße, um mit den Nachbarn ein Schwätzchen zu halten. Mit Frau Frosch zum Beispiel, die im Nachbarhaus wohnte, oder mit Frau Eule und Sohn aus dem Haus gegenüber. Er redete auch gern mit den Verkäufern: mit dem Buchverkäufer, bei dem er Bücher über Italien kaufte, oder mit dem Bäcker, der so gute Mandelpastete hatte.

Manchmal ging der Dachs mit Brille in andere Teile der Stadt, wo ihn niemand kannte. Dort konnte er seinen Hut falsch herum aufsetzen. Niemand rief: „Hallo, Sie! Ihr Hut!" Und er mußte nicht sagen: „Ja, ja, ich weiß, er sitzt falsch herum."

Der Dachs mit Brille führte ein ruhiges Leben. Ein Leben ganz ohne Abenteuer. Aber langweilig war es ihm überhaupt nicht. Kein bißchen. Er hätte gar nicht gewollt, daß sich irgend etwas änderte. Er liebte die Stille, die Ruhe. So war er eben.

Aber eines Tages geschah doch etwas … Eines Abends öffnete der Dachs mit Brille erst das eine, dann das andere Auge. „Was für ein schöner Tag!" sagte er mit tiefer Stimme. Durch die Vorhänge hindurch sah er den Mond, der gerade aufgegangen war. Er schloß wie-

der die Augen, gähnte einmal, gähnte zweimal. Dann räkelte er sich und streckte den rechten Arm nach seiner Brille aus. Aber da war keine Brille!
Er fand die Tischlampe, das Buch, aber er fand keine Brille. Vielleicht war sie auf den Teppich gefallen? Es ist schwierig, eine Brille auf einem bunten Teppich zu finden. Der Dachs mit Brille tastete überall herum – nichts!
O je! Das fängt ja böse an.
Der Dachs mit Brille nahm die zweite Pfote zu Hilfe. Aber auch mit zwei Pfoten fand er die Brille nicht. Er rutschte aus dem Bett und setzte sich auf den Boden, um nachzudenken.
Was hatte er vor dem Schlafengehen gemacht? Er hatte sich die Zähne geputzt. Seine Brille hatte er wie immer auf den Rand des Waschbeckens gelegt. Mit den Pfoten voran tastete er sich vorsichtig ins Badezimmer. Auf dem Rand des Waschbeckens lag keine Brille. Und auf dem Rand der Badewanne auch nicht.
Die Sache wurde schwieriger …
Normalerweise können sich Dachse auf ihr Gedächtnis verlassen. Es ist nicht so gut wie das Gedächtnis der Elefanten, aber doch fast so gut!
Der Dachs mit Brille dachte, wie bald alle über ihn lachen würden: seine Nachbarin, Frau Frosch, Mutter Eule und Sohn, der Zeitungsverkäufer … Sie alle würden mit Fingern auf ihn zeigen und sagen: „Habt ihr schon mal einen Dachs mit Brille gesehen, der seine Brille verloren hat?" – „Der Dachs mit Brille hat seine Brille verloren!"

Was sollte er dann antworten? „Ja, ja, ich sehe, ich habe meine Brille verloren. Äh, Unsinn … nein! Ich sehe natürlich nichts …" Was für eine Schande!
Da fing der Dachs mit Brille an zu weinen. Er weinte und weinte.
Seine Tränen fielen auf den Kachelfußboden im Badezimmer. Die Tränen bildeten erst eine Pfütze, dann einen See. Höchste Zeit, mit dem Weinen aufzuhören, dachte der Dachs mit Brille. Sonst muß ich noch zu meinem Bett schwimmen. Außerdem hatte er kein Taschentuch, um sich die Nase zu putzen. Als er das merkte, mußte er gleich wieder weinen.
„Hör auf zu weinen! Du wirst noch ertrinken!" Der Dachs mit Brille sah nichts, aber er hörte eine Stimme. „Hör auf, hab ich gesagt! Warum weinst du denn so?"
Also doch, es stimmte: Irgend jemand sprach mit ihm.
„Warum weinst du so, hab ich gefragt?" Da war die Stimme wieder.
„Wer ist denn da?" schluchzte der Dachs.
„Entschuldige bitte! Seit fünf Minuten klopfe ich schon an deine Tür. Und weil niemand aufgemacht hat, bin ich einfach reingekommen."
„Wer spricht denn da?" fragte der Dachs mit Brille noch einmal.
„Ich bin deine Nachbarin von unten. Du hast mich aufgeweckt, weil du so geweint hast. Ich wollte sehen, was hier los ist."
Nachbarin von unten, Nachbarin von unten … Der Dachs wußte gar nicht,

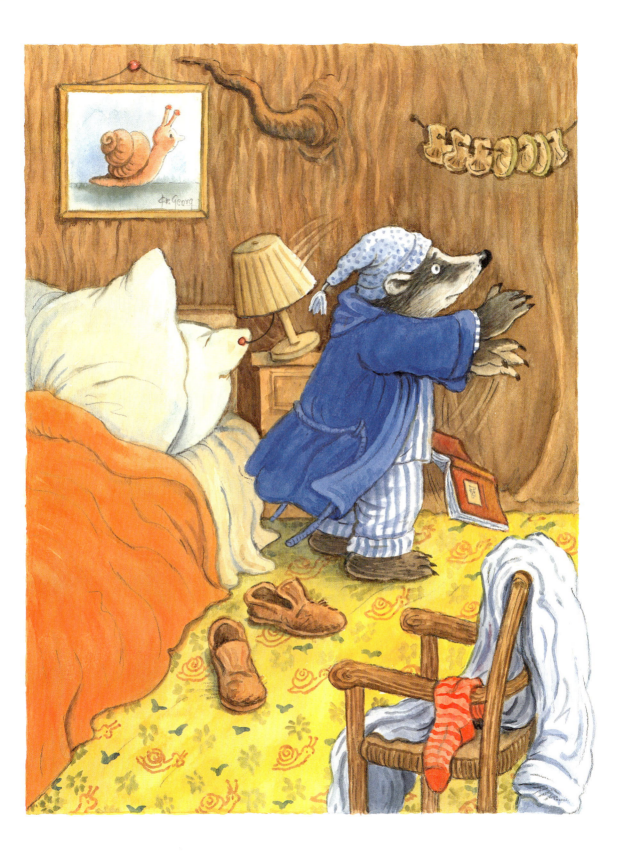

daß er eine Nachbarin von unten hatte. Nachbarn wohnten doch nicht über oder unter ihm, die wohnten neben ihm.

„Es scheint dir nicht gutzugehen. Kann ich dir helfen?" fragte die Nachbarin von unten mit Flötenstimme.

„Ja. Hast du zufällig eine Brille mit runden Gläsern gesehen?"

„Eine Brille mit runden Gläsern?"

„Die suche ich nämlich."

„Natürlich hab ich sie gesehen."

„Wo ist sie? Gib sie her! Schnell, schnell!"

Die Nachbarin von unten lachte. Natürlich, er hatte es ja gewußt: Sie lachte über ihn.

„Hier ist sie, deine Brille mit runden Gläsern."

„Wo?"

„Auf meiner Nase!"

Aha, sie lachte ihn nicht nur aus. Sie machte sich auch noch über ihn lustig.

„Sie ist wirklich auf meiner Nase. Da hast du sie zurück!"

Der Dachs mit Brille tastete nach seiner Brille und setzte sie auf. Er konnte wieder sehen! Er träumte nicht ... er sah. Er sah ... ein ... eine ... Kein Zweifel, was er sah, war seine Nachbarin von unten!

„Du bist..."

„Die Nachbarin von unten. Tut mir leid, daß ich mich nicht früher vorgestellt habe. Aber jedes Mal, wenn ich dich besuchen wollte, hast du geschlafen. Ich hab mich nicht getraut, dich zu wekken."

„Wie ... wo ...?" fragte der Dachs mit Brille. Er verstand nicht, was seine Nachbarin von unten da eigentlich erzählte.

„Ich bin Frau Maulwurf. Seit zwei Monaten und vier Tagen wohne ich unter dir."

„Ich habe dich nie bemerkt", sagte der Dachs mit Brille.

„Das konntest du auch gar nicht", antwortete Frau Maulwurf freundlich. „Wenn *ich* aufgewacht bin, bist *du* gerade eingeschlafen. Und wenn *ich* ins Bett gegangen bin, bist *du* gerade aufgestanden."

Seltsam, dachte der Dachs mit Brille.

„Ich lebe am Tag und schlafe in der Nacht, wenn du gestattest. Du scheinst nicht zu wissen, daß Maulwürfe ..."

„Äh, äh ... natürlich weiß ich, daß Maulwürfe leben ... äh, schlafen ... Aber ich verstehe nicht, was das mit meiner Brille zu tun hat?" sagte der Dachs mit Brille.

Da lachte Frau Maulwurf wieder. Der Dachs mit Brille fragte sich, ob er die Nachbarin von unten jemals nett finden würde, wenn sie immer über ihn lachte.

„Sieh mal. Es ist ganz einfach", sagte Frau Maulwurf. „Ich sehe auch nicht mehr gut. Ich bin ein bißchen kurzsichtig."

„Aha, du auch", sagte der Dachs mit Brille erleichtert.

„Ja, ich auch", sagte Frau Maulwurf. „Und weil *ich* deine Brille nur am Tag brauche, wenn *du* schläfst, da hab ich ... wie soll ich sagen ..."

„Da hast du ...?" fragte der Dachs mit Brille.

„Da hab ich jeden Tag deine Brille ausgeliehen. Ich habe morgens gewartet, bis du eingeschlafen warst. Dann bin ich leise in dein Schlafzimmer geschlichen, hab die Brille vom Nachttisch genommen und bin damit spazierengegangen."

„Und dann?" fragte der Dachs mit Brille.

„Am Abend bin ich zurückgekommen, hab die Brille wieder auf den Nachttisch gelegt und bin ins Bett gegangen. Bist du mir jetzt böse?"

Der Dachs wußte nicht recht, was er antworten sollte. Sollte er böse werden? Sollte er mit den Füßen stampfen oder eine Vase zerschlagen, die er nicht mochte ... Nein! Das war alles viel zu anstrengend.

„Böse? Ich? Überhaupt nicht! Ich möchte nur wissen, warum du heute abend meine Brille *nicht* zurückgebracht hast?"

Frau Maulwurf wurde rot, schlug die Augen nieder und sagte: „Also gut, ich gestehe: Ich wollte dich schon lange kennenlernen ... Jetzt hab ich's geschafft!"

Der Dachs mit Brille war mit sich zufrieden. Wie gut, wenn man nicht gleich böse wurde!

„Kann ich dir eine Tasse Kaffee anbieten?" fragte er.

„Gerne", sagte Frau Maulwurf. „Ich liebe Kaffee vor dem Schlafengehen!"

So kam es, daß der Dachs mit Brille und Frau Maulwurf die allerbesten Freunde wurden.

Und wenn du morgen einem Dachs begegnest, der seine Brille verloren hat, dann lach nicht über ihn. Er hat sie bestimmt seiner Freundin geliehen!

Janosch

Der Bär und der Vogel

Es war einmal ein Bär, der lebte sieben Meilen weg von den Leuten, am Fuße eines Berges, und bewohnte dort eine kleine, freundliche Höhle. Im Sommer ging es ihm gut, verdiente er doch seinen Lebensunterhalt mit Bienenzucht und Honighandel, Beerensammeln und ähnlichen kleineren Arbeiten.

Auch mit den Waldleuten vertrug er sich gut, weil er leutselig war, auch niemals hinterlistig oder nachtragend, wenn ihn jemand im Spaß oder aus Versehen gehänselt hatte.

Gemeinheit oder Bosheit waren ihm fremd, und er war für die anderen Tiere so wie ein lieber Großvater. Sie kamen zu ihm und flüsterten ihre Sorgen in sein Ohr, der Bär sagte nie etwas weiter.

Auch im Winter ging es ihm nicht schlecht. Er hatte ja einen warmen Mantel aus Bärenfell, und er hatte kleine Vorräte in seiner Höhle angelegt, die fast immer ausreichten.

Er hatte Honig, etwas Espenlaub (was zerrieben, mit Pilzen und Schnee angerührt, mit Honig gesüßt, ein wunderbares Bärenmahl ergibt), und er hatte Baumblätter, sauber gefaltet, unter seinem Kopfkissen gesammelt, auf denen er an langen Winterabenden die Geschichte vom Sommer lesen konnte.

Nur im letzten Winter, da war es besonders kalt. Der Wind hatte dem Bären den Schnee bis direkt vor das Bett geweht. Die Luft war wie kaltes Glas, und die Vögel fielen erstarrt in den Schnee. Und als die Heilige Nacht kam, stand der Mond kümmerlich und blaß am Himmel.

Dem Bären war es so kalt wie noch nie, und er sagte sich: „Es ist so kalt, daß ich es nicht mehr aushalten kann. Ich werde jetzt in die Stadt gehen zu den Menschen. Vielleicht treffe ich einen Bekannten oder finde einen warmen Platz am Ofen, oder jemand schenkt mir eine Brotsuppe. Heute ist die Große Nacht, da sind die Menschen gut zueinander." Da hatte er auch recht.

Er rieb sich die Pfoten, ging vor die Höhle und rief in den Wald: „Geht jemand mit in die Stadt? Es gibt eine warme Brotsuppe und ein schönes Fest. Niemand?"

Bloß das Echo rief zurück: Niemand.

Da ging der Bär allein den Rehweg entlang, der ja geradeaus zu den ersten Häusern führt. Lieber wäre er nicht allein gegangen, denn der Weg ist besser, wenn man ihn zu zweit wandert. Manchmal blieb er deshalb stehen, hielt die Pfoten an die Schnauze und rief: „Niemand, der mitgeht in die Stadt? Es gibt ein großes Fest."

Aber es kam keine Antwort.

Und als es immer kälter wurde und der Bär nach vorn fiel, in den Himmel sah und dann die Augen schloß, kam ein kleiner Vogel geflogen, setzte sich auf sein Ohr, pickte ihn und sagte: „Kalt ist es, Bär! Könntest du mich ein Stück tragen? Ich kann nicht mehr fliegen wegen der Kälte, und ich würde dir ein bißchen vorsingen."

Da stand der Bär auf, nahm den federleichten Vogel auf seine Schulter, und sie gingen zusammen in die Stadt.

Während sie gingen, versuchte der Vogel ein Lied, so gut es bei der Kälte möglich war. Der Bär lauschte, der Sommer fiel ihm wieder ein, und er ging ganz vorsichtig, um die Melodie nicht zu verwackeln.

Es war schon mitten in der Nacht, als sie in die Stadt kamen. Hinter den Fenstern waren die Kerzen ausgebrannt, und die Leute waren unterwegs in die Kirche. Der Bär ging hinter ihnen her und lauschte dem Lied, das der Vogel ihm ganz leise ins Ohr sang. In seinen Augen ging ein kleines Licht auf. Der Vogel sah es, wärmte sich daran, und bald schnitt ihnen auch die Kälte nicht mehr so in die Beine.

Als sie an der Kirche ankamen, ließ der Küster sie nicht hinein: „Bären und Vögel haben hier bitte keinen Zutritt. Das ist die Vorschrift. Auch kann ich keine Ausnahme machen, denn die Kirche ist überfüllt. Kinder und alte Frauen könnten sich ängstigen. Morgen oder übermorgen geht es vielleicht, denn meistens bin ich nicht so streng." Das letzte sagte er, weil heute Weihnachten war.

Aber dem Bären und dem Vogel war das egal. Sie froren nicht mehr und setzten sich neben die Tür. Der Himmel war ihnen wie ein großes Dach, und die Welt hatte keinen Anfang und kein Ende.

Kinder kamen vorbei und sagten zu ihren Müttern und Vätern: „Was ist dort mit dem Bären? Ist er ein verwunschener Prinz oder etwa der Bärenkönig persönlich?"

„Kein Prinz und kein König", sagten die Eltern, „wir haben jetzt keine Zeit, und morgen werden wir ihm etwas zu fressen bringen. Schluß jetzt!"

Als der Vogel immer leiser sang und der Bär sah, daß er die Augen zuhatte, verbarg er ihn vorsichtig und warm in seinen Pfoten und rührte sich nicht, um ihn nicht zu wecken. Auch dem Bären fielen bald die Augen zu, und er träumte das Lied zu Ende.

Inzwischen kamen die Leute aus der Kirche, gingen vorbei und nach Haus, denn das Fest hatte sie müde gemacht. Die Kirchentür wurde verschlossen, und der Küster hatte Feierabend.

Als die Nacht aber am höchsten war, kam ein Engel vorbei und trug die beiden zurück in einen Wald, in dem es niemals wieder so kalt wurde.

Rudolf Neumann

Nesthupferl für einen kleinen Uhu

„Heute darfst du fliegen lernen!" sagte die Uhumutter eines Nachts zu ihrem Uhujungen. Fliegen lernen – das wünschte sich der kleine Uhu schon seit langem. Und als der Morgen graute, da hatte der kleine Uhu das Fliegen tatsächlich recht gut gelernt.

„Puh, war das eine anstrengende Nacht!" gähnte die Uhumutter. „Jetzt aber nichts wie ins Nest!"

„Ich bin aber noch gar nicht müde!" behauptete der kleine Uhu.

„Ich weiß, ich weiß!" erwiderte die Uhumutter. „Aber es ist schon sehr früh, gleich wird die Sonne aufgehn. Doch weil du so tüchtig warst, erzähle ich dir rasch noch ein Nesthupferl!"

„Was ist das, ein Nesthupferl?" fragte der kleine Uhu gespannt.

„Ein Nesthupferl ist eine Guten-Tag-Geschichte, nach der mein kleiner Spatz besser einschlafen wird."

„Ich bin kein kleiner Spatz!" erklärte der kleine Uhu. „Ich bin ein großer Uhu!"

„Ich weiß, ich weiß!" sagte die Uhumutter. „Paß einmal auf! Es war einmal ein kleines Mädchen ..."

„Was ist das, ein Mädchen?" unterbrach der kleine Uhu.

„Ein Mädchen ist ein kleiner Mensch."

„Was ist ein Mensch?"

„Ein Mensch ist jemand, der immer auf zwei Beinen geht und dafür keine Flügel hat."

„Wie kann er denn dann fliegen?" wunderte sich der kleine Uhu.

„Er kann ja eben gar nicht fliegen", belehrte ihn die Uhumutter. „Aber die Menschen sind geschickt. Sie haben sich künstliche Vögel gebaut. Die haben einen hohlen Bauch. Und da hinein schlüpfen die Menschen. Sie fliegen in den hohlen Vögeln geradeso, als ob sie selber Flügel hätten. Verstehst du das?"

Der kleine Uhu rührte sich nicht.

„Schläfst du schon?" flüsterte die Uhumutter.

„Nein", sagte nachdenklich der kleine Uhu. „Ich überlege mir gerade, ob Mäuse fliegen können."

„Mäuse?" fragte die Uhumutter verwirrt. „Wie kommst du denn mit einem Mal auf Mäuse? Natürlich nicht."

„Mein Bauch ist auch ganz hohl", behauptete der kleine Uhu. „Wenn du mir jetzt eine kleine Maus bringst, dann könnte sie da hineinschlüpfen und mit mir fliegen, wenn sie will."

„Ja, morgen!" lächelte die Uhumutter. „Morgen ist auch noch eine Nacht. Wenn du mich noch mal unterbrichst, erzähl ich die Geschichte nicht zu Ende. Also: Es war einmal ein kleines, kleines

Mädchen, das wohnte mit seinen Eltern an einem Seeufer. Am Ufer lag ein Segelboot. Eines Tages stieg das Mädchen in das Boot, und der Wind trieb es aufs Wasser hinaus. Sie kamen bis zu einer Insel, und auf der Insel stand ein Schloß, und an dem Schloß war ein Turm, und in dem Turm war ein Loch, und in dem Loch, da saß ein großer, großer Uhu …"

„… und das war ich!" behauptete der kleine Uhu zufrieden. Aber dann wollte er noch etwas wissen: „Was ist ein Turm? Was ist ein Schloß? Und was ist eine Insel? Und was ist ein Segelboot?" Das waren viele Fragen auf einmal, aber eine Antwort bekam er nicht mehr. Seine Mutter war nämlich eingeschlafen. Da kuschelte er sich eng an sie und machte auch die Augen zu.

Geschichten zum Träumen

Jakob Streit

Die Geschichte vom Zwerglein Liputto

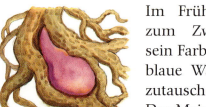

Liputto war ein Bergblumen-Wurzel-Zwerg. Lange Jahre hatte er im Gebirge gelebt. Im Sommer half er den Bergblumen wachsen. Wenn sie aufblühten, sog er bei den Wurzeln das Sonnenlicht in die Erde hinunter. Davon gab es in der Erde Sonnentropfen wie kleine Edelsteine. Mit vielen anderen Zwergen trug Liputto sie tiefer in die Erde hinunter und verteilte ihre Strahlen, so daß es im Herbst und Winter da unten in den Erdentiefen überall glänzte. Denn Mutter Erde braucht viel Sonnentropfen, damit im Frühling alles wieder schön und gut wachsen und blühen kann. Das alles hatte ein Zwergenmeister Liputto erzählt: Blaue Blumen tröpfeln blaues Licht zur Tiefe, rote Blumen rotes Licht, alle Regenbogenfarben. Jedes Jahr, wenn der Winter kam, bildete sich an Liputtos Zwergenkäppchen ein farbiger Ring. Wer sieben Jahre für die Blumen gearbeitet hatte, trug alle sieben Farben des Regenbogens am Käppchen. Liputto war eben am siebten Ring und freute sich, daß er im Frühling ein Wanderkäppchen bekommen konnte und ein ganzes Jahr herumwandern durfte. Da konnte er in der Erde oder auf der Erde, ungesehen von den Menschen, wandern, wandern ein ganzes Jahr!

Im Frühjahr kam Liputto zum Zwergenmeister, um sein Farbkäppchen gegen das blaue Wanderkäppchen einzutauschen.

Der Meister sprach: „Paß auf, Liputto, daß du das Wanderkäppchen nicht verlierst. Solange du es auf dem Kopfe hast, sieht dich kein Mensch. Ziehst du es ab, oder verlierst du es, können die Menschen dich sehen. Das Blaukäppchen macht dich unsichtbar. Nur die Tiere, die können dich immer sehen, auch wenn du es auf dem Kopfe trägst. Wohin willst du denn wandern?"

Liputto antwortete: „Zuerst möchte ich auf der Erde viele, viele Tiere kennenlernen und auch ein wenig hingucken, was die Menschen tun."

Der Zwergenmeister erwiderte: „Tiere werden dir kein Leid antun; aber bei den Menschen nimm dein Käppchen nicht vom Kopfe. Wenn sie dich sehen…, man weiß nie, was denen einfällt. Die schönsten Wanderungen aber kannst du *unter* dem Erdboden tun. Da gibt es schöne Kristalle, Edelsteine, Gold und Silber!"

Als nun Liputto sein Farbkäppchen hinlegte und das blaue erhielt, schaute er etwas traurig auf die schönen Regenbogenfarben.

Der Zwergenmeister tröstete ihn: „Vom Farbkäppchen streifen die Elfen den feinen Farbenstaub ab. Den bekommen die Schmetterlinge an die Flügel. Im nächsten Sommer fliegen die Falter mit deinen Farben in die Sonnenwelt."
Liputto wußte nicht recht, wie das alles zu- und hergehe. Nun aber freute er sich über sein Wanderkäppchen.
Frohgemut wanderte Liputto in den Frühling hinein. Im Wald warf er hin und wieder das Käppchen vor Freude hoch in die Luft. Als er am Waldrand zu den Büschen heraustrat, stand er still und horchte in die Welt. Was war das? Neben dem Wege vernahm er eine leise, traurige Stimme.

„O weh! Dieser Menschenfuß! O weh! Dieser Menschenfuß!"
Als Liputto näher hinguckte, sah er ein Pflänzchen mit zertretenen violetten Blüten. Es war das Veilchen.
Liputto fragte: „Was ist mit dir? Du bist ja ganz flach!"

Veilchen antwortete: „Ein Menschenfuß ist hier vorbeigekommen und ist auf mich getreten."
Liputto bückte sich und sprach: „Ich helfe dir! Ich kann gut Wurzeln und Blätter streicheln und zurechtzupfen."
Mit flinken Fingern begann er, die Erde zu lockern und die Blätter zu glätten. Beim Bächlein holte er Wasser und tränkte das Pflänzchen.
Liputto fragte: „Was riecht hier so fein?"
Veilchen sprach: „Meine Blüten duften, um dir zu danken, lieber Zwerg."
Liputto wollte mit seiner Nase ganz nahe ans Veilchen herankommen. Er zog sein Käppchen ab und legte es neben sich auf den Boden. Vom Riechen wurde seine Nase ein wenig blau. War das herrlich!
Er merkte nicht, daß der Menschenfuß jetzt eben über den Weg zurückkam. Erst als er ganz nahe war, hörte Liputto ein Stampfen und Poltern. Er vergaß, das Käppchen aufzusetzen, und guckte

zum Menschenfuß hin. Es waren zwei Füße und darüber lange braune Röhren, weiter oben etwas Blaues und ganz oben ein Kugelkopf. Der hatte den Mund weit offen und starrte ihn aus Kugelaugen erschrocken an. Wie angewurzelt war der Mensch stehengeblieben. Jetzt merkte Liputto, daß er ihn sah. Flink griff er nach seinem Käppchen und setzte es auf. Husch war er für den Menschen verschwunden.

Der Bauernknabe in den braunen Hosen und dem blauen Kittel guckte rund herum. Er sah keinen Zwerg mehr und war doch eben ganz nah vor ihm gewesen! Merkwürdig!

Am Abend erzählte der Knabe der Mutter vor dem Einschlafen: „Mutter, heute hab ich beim Waldrand einen richtigen Zwerg gesehen, so wahr ich Hans heiße!"

„Ja", sprach die Mutter, „da hast du Glück gehabt! Die zeigen sich heute nur noch selten."

Georg Bydlinski

Wann Freunde wichtig sind

Freunde sind wichtig
zum Sandburgenbauen,
Freunde sind wichtig,
wenn andre dich hauen.

Freunde sind wichtig
zum Schneckenhaussuchen,
Freunde sind wichtig
zum Essen von Kuchen.

Vormittags, abends,
im Freien, im Zimmer …
Wann Freunde wichtig sind?
Eigentlich immer!

Renate Welsh

Ein sehr alter weißer Bär

Der weiße Bär saß seit vielen Jahren zwischen dem dunkelgrünen und dem gelben Kissen. Er wurde nur aufgehoben, wenn die Sofakissen ausgeschüttelt wurden.
Manchmal vergingen Wochen, ohne daß er eine Menschenhand spürte.
Der weiße Bär saß da und dachte an vergangene Zeiten.
Wenn Regen in der Luft lag, spürte er die Naht im rechten Bein. Dort hatte ihn ein Hund erwischt. Das war dreißig Jahre her, oder noch etwas länger. Der weiße Bär erinnerte sich genau, wie sein kleines Mädchen hinter dem Hund hergerannt war. Er erinnerte sich, wie sie geschrien hatte. Er erinnerte sich, wie sie in seinen weißen Bauch weinte. Und wie ihre Mutter die Holzwolle zurückstopfte in das Bein und die Wunde zunähte. Seither war das rechte Bein ein wenig dünner als das linke.
Seine rechte Pfote fehlte. Das war beim Karussellfahren passiert. Der weiße Bär war ins Gestänge geraten, als sein kleines Mädchen auf einem schwarzen Pferd ritt und in die Hände klatschte.
An den Fußsohlen hatte der weiße Bär Lederflecke. Dort war der Stoff aufgegangen. Der weiße Bär wußte nicht, wieso. Er war nie viel zu Fuß gegangen. Meist hatte ihn sein kleines Mädchen herumgeschleppt.
Er hatte oft gebrummt, wenn sie ihn einfach nachschleifen ließ. Jetzt konnte er schon lange nicht mehr brummen. Die Feder in seinem Bauch war irgendwann einmal gesprungen.
Sein kleines Mädchen kam ins Zimmer und setzte sich an den Schreibtisch, ohne den weißen Bären anzusehen.
Er kränkte sich. Eigentlich hätte er längst daran gewöhnt sein müssen. Aber er konnte sich nicht daran gewöhnen. Er wäre gern hin- und hergerutscht. Aber er war steif vom langen Sitzen. Er guckte vor sich hin.
Sein kleines Mädchen klapperte auf der Schreibmaschine. Ihre Ellbogen gingen auf und ab, auf und ab. Sie war gar kein kleines Mädchen mehr. Sie war eine Frau. Sie hatte selbst Kinder.
Die hatten auch mit dem weißen Bären gespielt. Aber anders. Sie hatten mit ihm gespielt und ihn dann tagelang liegengelassen. Einmal sogar in einer Pfütze. Davon stammten die dunklen Flecke und die kahlen Stellen in seinem Fell. Und jetzt waren auch die Kinder schon groß und sahen ihn nicht mehr an.
Der weiße Bär hätte gern geseufzt. Aber das konnte er nicht. Er war nur traurig. Er fühlte sich unnütz. Niemand brauchte ihn.
Eines Tages kam ein fremder Junge zu Besuch. Der fremde Junge stieg auf das

Sofa und holte alle Bücher vom Regal. Eines fiel dem weißen Bären auf den Kopf. Der fremde Junge blätterte die Bücher so schnell durch, daß es klang, als rausche der Wind durch die Seiten. Der fremde Junge drehte das Radio auf, daß es dröhnte. Der fremde Junge rannte grölend durch die Wohnung. Plötzlich klirrte irgendwo Glas. Dann hörte der weiße Bär lautes Weinen. Sein kleines Mädchen sprang auf und rannte hinaus. Der weiße Bär hörte Wasser rinnen. Er hörte, wie eine Schublade aufgerissen wurde. Er hörte eine Schere schnappen. Er hörte murmelnde Worte.

Dann kam sein kleines Mädchen zurück. Sie trug den fremden Jungen. „Ich will zu meiner Mama!" schrie der fremde Junge.

„Das geht jetzt nicht", sagte das kleine Mädchen. „Das weißt du doch."

Sie legte den fremden Jungen auf das Sofa. Er schluchzte laut. Er hatte einen großen weißen Verband an der Hand. Er zappelte und strampelte. Der weiße Bär wurde hin- und hergeschüttelt.

Sein kleines Mädchen sagte zu dem fremden Jungen: „Ich habe jemanden für dich." Sie hob den weißen Bären auf. Sie fuhr über seinen kahlen Kopf.

„Der kann wunderbar trösten", sagte sie und legte den weißen Bären in die Armbeuge des fremden Jungen. „Er hat mich immer getröstet, wenn ich traurig war." Der fremde Junge sah den weißen Bären an. „Was ist mit seiner Pfote?" fragte er.

Der weiße Bär mochte es nicht, wie ihn der fremde Junge ansah. Sein kleines Mädchen erzählte die Geschichte von der Pfote. Der fremde Junge hörte zu. Hin und wieder schnupfte er auf. Der Bär hörte auch zu.

Sein kleines Mädchen erzählte die Geschichte vom Bein. Und die Geschichte von der kahlen Schnauze. Der fremde Junge drückte den Bären an sich. Der weiße Bär spürte die warme Haut des fremden Jungen. Die kahle weiße Bärenschnauze kam in die Halsgrube des fremden Jungen.

Der fremde Junge fing an zu lachen. „Das kitzelt ja!" sagte er und zappelte.

Der weiße Bär wurde wieder hin- und hergeschüttelt. Aber das war ganz anders als zuvor.

Sein kleines Mädchen sah ihn an, so wie sie ihn früher angesehen hatte. Ganz früher. „Siehst du", sagte sie zu dem Jungen, „er mag dich, mein Bär. Ich muß jetzt in die Küche gehen, aber er bleibt bei dir."

Der Junge drückte den weißen Bären noch fester an sich. Ich bin nicht mehr unnütz, dachte der weiße Bär. Ich bin wieder nütz. Ein Bär, der gebraucht wird. Ein Bär, der trösten kann.

Sigrid Heuck

Die Teddybär-Geschichte

In einem Wald, in dem die Bäume besonders dicht standen und es immer ein bißchen dämmrig war, wohnte einmal eine Bärenfamilie. „Sei nicht so vorwitzig und bleib immer schön hinter mir!" sagte Mutter Bär zu ihrem Bärenkind, wenn sie zusammen durch den Wald streiften.
Zuerst war der kleine Bär auch ganz brav. Aber als er größer wurde, hörte er nur noch mit *einem* Ohr auf die Worte der Mutter, dann nur noch mit einem *halben* und schließlich mit *keinem* mehr.
„Ich wüßte zu gern", brummte er zu sich selbst, „wie es hinter den Bäumen aussieht."
Und eines Tages, als Vater Bär und Mutter Bär nicht so gut aufpaßten, lief der kleine Bär davon.
Er lief durch den Wald, über Wiesen und Felder. Weil er schon ein bißchen müde war, blieb er vor einem Haus stehen, das von einem kleinen Garten umgeben war. Auf einer Bank saß ein Mädchen und weinte.
„Niemand spielt mit mir!" schluchzte es. Die Tränen liefen ihm dabei über die Wangen.
Das Bärenkind sah das kleine Mädchen an. Wie gerne würde ich mit ihm spielen, dachte es. „Wenn du möchtest", brummte er, „dann können wir uns ein bißchen schubsen."

„Wie geht das?" fragte das Mädchen neugierig.
„Du schubst mich mit dem kleinen Finger und ich dich mit meiner Nase, und wer dabei grob wird, der hat verloren." Damit war das Mädchen einverstanden.
Das Bärenkind kletterte über den Zaun, und sie spielten Schubsen, bis ihnen die Lust dazu verging.
Später zeigte das Mädchen dem kleinen Bären seine Schaukel. Sie schaukelten, spielten Ball und lachten zusammen. Am Abend, als es an der Zeit war, ins Bett zu gehen, durfte der kleine Bär im Puppenwagen schlafen. Die Mutter des Mädchens deckte ihn wie ihr eigenes Kind zu.
In der Nacht träumte das Bärenkind vom Wald, von Vater Bär und Mutter Bär. Sie weinten, weil ihr Kind davongelaufen war.
Als der kleine Bär am nächsten Morgen aufwachte, war er krank. Er schlotterte an allen Tatzen.
„Was fehlt dir?" fragte ihn das kleine Mädchen.
„Mich friert's", brummte das Bärenkind unglücklich.
„Aber du hast doch einen dicken Pelz. Wie kannst du da frieren?"
„Mich friert's unter dem Pelz", jammerte der Bär. „Irgendwie inwendig."
Da rief das Mädchen seine Mutter, und

die Mutter rief den Vater. Alle beratschlagten, was man für das Bärenkind tun könne. „Ich glaube, es ist Heimweh", sagte der Vater auf einmal.
Und weil er ein kluger Mann war und wußte, wo die Bären wohnen, nahm er das kleine Bärenkind huckepack und trug es zurück in den großen Wald. Er brachte es dorthin, wo die Bäume besonders dicht standen und wo es immer ein bißchen dämmrig war. Mutter Bär und Vater Bär freuten sich, als sie ihr Kind wiedersahen. Sie umarmten es, und der kleine Bär war gleich wieder gesund. Das Mädchen aber weinte, weil es das Bärenkind so gern behalten hätte.

Da setzte sich seine Mutter hin und nähte einen kleinen Stoffbären. Zuerst zerschnitt sie eine wuschelige Decke. Aus schwarzen Knöpfen machte sie Augen. Mund und Nase stickte sie mit braunem Garn.
„Er sieht genauso aus wie mein Bärenkind", sagte das kleine Mädchen und nahm den Teddy glücklich in die Arme. Am Abend legte es den Bären in den Puppenwagen und deckte ihn zu.
Als die Nachbarskinder den Stoffbären sahen, wollten sie auch mit ihm spielen. Damit es keinen Streit gab, nähte die Mutter für jedes Kind einen eigenen Teddybär. Sie nähte und nähte. Vielleicht näht sie heute noch.

Barbara Bartos-Höppner

Schnüpperle hat ein Geheimnis

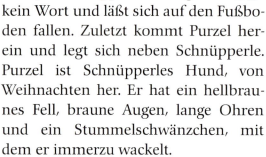

Annerose rennt die Treppe hinauf. Sie läuft ins Kinderzimmer und holt ihren kleinen roten Koffer aus dem Schrank. Hinter ihr her stampft Schnüpperle. Er sagt kein Wort und läßt sich auf den Fußboden fallen. Zuletzt kommt Purzel herein und legt sich neben Schnüpperle. Purzel ist Schnüpperles Hund, von Weihnachten her. Er hat ein hellbraunes Fell, braune Augen, lange Ohren und ein Stummelschwänzchen, mit dem er immerzu wackelt.

„Willst du nicht endlich Koffer packen?" fragt Annerose.

„Hab ja gar keinen", sagt Schnüpperle.

„Dann eben deinen Rucksack."

„Nein, keine Lust", sagt Schnüpperle.

„Dann räum wenigstens dein Spielzeug in die Kiste."

„Keine Lust", sagt Schnüpperle.

„Überall liegen deine Bauklötze rum."

„Hab ich nicht hingeworfen, war Purzel", sagt Schnüpperle.

„Aber Purzel kann sie nicht aufräumen."

„Und ich hab keine Lust, Donnerwetter!" Schnüpperle haut mit der Faust auf den Fußboden. Purzel springt erschrocken auf. Aber Schnüpperle legt gleich die Arme um ihn.

„Und wer soll's machen?" fragt Annerose. „Denkst du vielleicht ich?"

„Oma", sagt Schnüpperle. „Oma wird mir schon helfen."

„Oma hat keine Zeit. Und außerdem hat Vater gesagt, wer nicht aufräumt, darf nicht verreisen."

„Bleib ich eben hier", sagt Schnüpperle, „ist mir viel rechter."

„Rechter! Es heißt lieber! Und es ist dir gar nicht lieber. Das sagst du bloß wegen Purzel. Du kommst ja viel zu gern mit."

Schnüpperle nickt. „Wenn ich Purzel mitnehmen könnte, wäre ich jetzt auch guter Dinge", sagt er.

„Guter Dinge! Wo hast du denn das wieder her?"

„Stand in der Geschichte, die Oma mir vorgelesen hat, weil ich so traurig bin."

„Weißt du überhaupt, was das ist?" fragt Annerose.

„Na klar, das ist so rumhopsen und kichern und trallala singen."

„Ach", sagt Annerose, „guter Dinge, das ist einfach freuen, und fertig."

„Ich kann mich aber nicht einfach freuen, und fertig. Ich kann mich überhaupt kein bißchen freuen."

„Aber ich freu mich kolossal", sagt Annerose. „Ich kann vor lauter Freude schon nicht mehr essen. Ich hab einen richtigen Stein im Bauch."

„Einen Wackerstein, wie der Wolf beim Rotkäppchen?" fragt Schnüpperle.

„Eben einen Stein", sagt Annerose.

„Annerose, was ist ein Wackerstein?"

„Ein Wackerstein? Das ist – das ist – genau weiß ich das auch nicht. Es ist jedenfalls ein ganz großer, schwerer Stein."

„Annerose, so einen Stein hab ich auch in mir drin, bloß ein bißchen höher. Dort, wo das Essen hinkommt, da geht's. Aber hier oben, da will mir der Stein wegen Purzel das Herz brechen."

„Was redest du denn jetzt schon wieder für Quatsch", sagt Annerose.

„Das ist kein Quatsch, Donnerwetter! Das stand auch in der Geschichte, die Oma mir vorgelesen hat. Und wenn's in einem Buch steht, ist's kein Quatsch. Ich werd's doch wissen, ob mir der Stein das Herz bricht. Ihr werdet schon sehen, wenn ich unterwegs ganz traurig bin und nicht mehr essen kann und krank werde – kommt alles von diesem Stein."

„Schnüpperle, ich hab's jetzt satt mit dir. Geh raus, wenn du bloß rumbrummen kannst."

Aber das will Schnüpperle nicht. Er weiß, daß er Mutter und Oma nur im Weg steht mit seinem Hund. „Wenn ich Purzel mitnehmen könnte, würde ich kein bißchen rumbrummen. Purzel ist genauso traurig wie ich. Nicht, mein kleines Purzelchen?"

„Wenn Vater sagt, es geht nicht, weil Purzel noch zu klein ist und überall Pfützen macht, dann geht es eben nicht. Außerdem bleibt Purzel nicht allein zu Haus."

„Aber ich kann Purzel so lange nicht drücken", sagt Schnüpperle, „und das

hast du doch so gerne, nicht, mein kleines Purzelchen?"

„Oma wird das schon machen", sagt Annerose.

„Und füttern kann ich Purzel auch nicht, und mit ihm spazierengehen auch nicht."

„Das macht doch alles Oma, deshalb ist sie doch zu uns gekommen."

„Und den Ball werfen und die Bauklötze?" fragt Schnüpperle.

„Denkst du, das kann Oma nicht?"

Schnüpperle ist eine Weile still. Dann sagt er leise: „Aber abends im Bett."

„Wieso denn im Bett?" fragt Annerose. „Du nimmst Purzel doch nicht mit ins Bett."

„Nein", sagt Schnüpperle. Er hat einen ganz roten Kopf und drückt seinen Hund fest an sich. „Aber das andere, das wird Oma bestimmt nicht machen."

„Das andere?" fragt Annerose. „Was ist denn das?"

„Das ist, wenn Purzel im Körbchen liegt, ganz nahe bei meinem Bett, und du hast dich schon rumgedreht, dann streck ich immer meine Hand raus, und dann leckt Purzel dran."

„So was machst du?"

Schnüpperle nickt. „Purzel hat das sehr gerne. Wir schlafen dann auch immer gleich ein, alle beide." Schnüpperle legt den Finger auf den Mund. „Aber du darfst es nicht verraten. Ich weiß nicht, ob Mutter das erlaubt."

Annerose schüttelt den Kopf. „Ich sag schon nichts."

„Das mit der Hand, Annerose, das macht Oma bestimmt nicht."

„Braucht sie auch nicht. Das ist nur von euch beiden, von dir und Purzel, wie ein Geheimnis." Annerose setzt sich zu Schnüpperle und streicht Purzel über den Kopf. „Ich find das sehr schön."

„Find ich ja auch", sagt Schnüpperle. „Aber wenn ich jetzt so lange fort bin?"

„Lange ist es bloß heute. Wenn wir morgen früh losfahren, vergeht die Zeit wie im Sause."

„So schnell wie auf der Rutschbahn einmal rutschen?" fragt Schnüpperle.

„Hmhm."

„Bestimmt?"

„Ganz bestimmt."

„Na, dann geht's vielleicht", sagt Schnüpperle.

Hanna Hanisch

Jan holt den Regenbogen heim

Jan ging über das Watt. Das Watt war warm und weich. Jan fühlte die Sandrillen unter seinen Füßen. Hinter ihm stand die Sonne, vor ihm die graue Regenwand.

Und an dieser Wand hing das große, bunte Regenbogenband.

Jan lief und lief. Er wollte endlich genau sehen, wo dieser Regenbogen auf die Erde traf, wo er die Erde berührte. Diese Stelle wollte er finden.

Am Fuß des Regenbogens wollte er sich die Farben ansehen. Vielleicht waren sie dort noch viel bunter?

Auf einmal war die Regenwand nicht mehr dick und grau. Und der Regenbogen darauf wurde matt.

Wo waren die Farben geblieben? Soviel Farbe konnte nicht einfach verschwinden!

Jemand kam Jan über das Watt entgegengelaufen: ein großes Mädchen mit langen, hellen Haaren.

„Na, du", sagte das Mädchen und lachte Jan ins Gesicht. „Geh nicht zu weit. Dort hinten gibt es Schlick. Da versinkst du und wirst schwarz bis zum Hals."

Jan hörte nicht richtig zu. Er schaute das Mädchen an. Es hatte einen Schal über die Schultern gehängt, der wehte im Wind. Leicht wie Luft wehte er um das Mädchen.

Der Schal hatte bunte Streifen. Jan konnte die Farben aufzählen: Rot. Orange. Gelb. Grün. Blau. Violett. Sechs Regenbogenfarben.

„Du hast ihn geholt?" staunte Jan. „Wie hast du das gemacht? Wird er so klein, wenn man ihn zusammendrückt?"

„Was habe ich geholt?" fragte das Mädchen.

„Den Regenbogen! Du hast ihn ja umgehängt. Ich kenne die Farben: Rot. Orange. Gelb. Grün. Blau. Violett."

Das Mädchen nahm den Schal in die Hände und schaute ihn an. „Rot. Orange. Gelb. Grün. Blau. Violett. Das klingt wie ein Lied. Man kann dazu tanzen."

Das Mädchen drehte sich im Kreis. Der bunte Schal wehte.

„Da, nimm ihn!" sagte das Mädchen plötzlich. „Ich schenke ihn dir."

Jan faßte den Schal.

Er war ganz weich.

Dann lief er zurück über das Watt, durch kleine warme Priele bis zum Strand.

Hoch hielt er den Schal in der Hand. Er wehte wie eine Fahne. „Es ist toll!" dachte Jan. „Dieses Mädchen hat den Regenbogen eingefangen. Hoffentlich ist noch genug Farbe da für einen neuen Regenbogen."

Zu Hause hängte Jan den Schal über sein Bett, neben das Eisbär-Poster.

„Ph!" machte sein Bruder. „Jan hängt sich Weiberkram übers Bett."

Aber Jan antwortete nicht auf etwas so Blödes. Sein Bruder hatte ja keine Ahnung! Der brauchte überhaupt nicht zu wissen, daß dieser kleine Schal der große bunte Regenbogen gewesen war.

Christoph Meckel

Und du?

Die Schnecke
hat ein Haus
ohne Fenster,

der Wiedehopf
eine Feder
ohne Hut,

der Teufel
einen Pferdefuß
ohne Pferd,

und was hast du?

Regine Schindler

Die Geschichte vom Kuß

Ganz allein flog der kleine Kuß im Park herum. Er suchte sich ein schönes Plätzchen. Da sah er den alten Mann. Der saß einsam und zerknittert auf einer Bank. „Der braucht mich! Ich will mich auf seine Backe setzen", sagte das Küßchen. Der alte Mann spürte ein Kitzeln. Und das gefiel ihm nicht. Er wußte nicht, daß dies ein Kuß war – er hatte schon so lange keinen mehr bekommen. Der Mann wischte den Kuß mit der Hand von seiner Backe.

Der Kuß flog hoch hinauf, mitten in einen grünen Baum. Dort sah er einen kleinen, weichen Vogel. „Das ist ein schönes Plätzchen für mich!" Aber schon war der Vogel weg! Er hatte Angst vor dem Kuß – Vögel kennen keine Küsse.

So flog der Kuß zum Sandkasten in der Ecke des Parks. Und dort setzte er sich endlich gemütlich auf eine Kinderbacke. Das Kind hieß Benjamin, und es freute sich sehr. Doch plötzlich lachten alle andern Kinder: „Ha-ha-ha, Benjamin hat ja einen Kuß auf seiner Backe. Ist das aber komisch!"

Schnell nahm Benjamin den Kuß in seine Hand und machte sie gut zu. Aber jetzt konnte der Junge die Sandschaufel nicht mehr halten und darum nicht mehr spielen. Schwups! steckte er darum den Kuß in den Mund. Die linke Backe wurde dick und rund. Benjamin konnte jetzt mit den andern weiterspielen, bis die Mama rief: „Beni, komm herein – es ist schon spät!"

Da sprang das Kind zu seiner Mutter. „Rat, was hab ich in meiner dicken Backe?"

„O je! Hoffentlich keinen Sand?"

„Neiiin, etwas viel Schöneres!"

„Du hast doch keinen Stein im Mund?"

„Falsch geraten! Es ist nicht so hart! Rat noch einmal!"

„Aber Benjamin, du hast doch nicht etwa einen alten Kaugummi aufgelesen?"

„Nein, etwas viel Besseres!"

„Was könnte das sein?"

„Ich schenk es dir, Mama!"

„O Schreck!" schrie die Mutter. Da merkte sie, daß es ein Kuß war! Sie freute sich! Sie lachte.

„Das war aber ein ganz besonderer Kuß! Toll, daß man so etwas im Sandkasten findet!" Mama gab Benjamin den Kuß zurück – und bald darauf gab ihn Benjamin seiner Mama. So ging es weiter und weiter und weiter ...

Christa Wißkirchen

Die Käferhose

„Ja, ja", sagt Mama und lacht, „schon wieder alle Hosen zu kurz. Die Britta wächst wie ein Rettich im Frühling." Sie haben zwischen den Kleiderständern im Kaufhaus ihre Nachbarin getroffen.

Nun sucht Mama weiter nach der richtigen Hosengröße, während Britta ein bißchen in der ganzen Kinderabteilung herumstreunt.

„Oh, Mama, guck mal, wie süß!" ruft sie plötzlich von weiter drüben. „So eine möcht ich haben. Mit Käfern."

„Mit Käfern? Wieso? Zeig mal." Mama kommt herüber. Hier ist noch ein extra Kinderhosen-Ständer, den sie vorhin gar nicht gesehen haben, und ein riesiges Schild hängt darüber:

DER SUPERHIT.
ORIGINAL KÄFER-JEANS
MIT DER 77-GARANTIE.
KAUFEN – NACHZÄHLEN –
ANZIEHEN!

Mama schüttelt den Kopf. „Verrückt. Und was soll das mit der 77 bedeuten?"

Britta greift nach einem roten, käferförmigen Etikett, wie es an jeder Hose hängt, und buchstabiert:

GARANTIE.
Auf jeder Hose befinden sich
GARANTIERT 77 Käfer.
Original KÄFER-JEANS.
Die aktuelle Kindermode.
Bitte mit 30 Grad waschen.

„Ach bitte!" sagt Britta und hopst um ihre Mutter herum. „Na gut, wir probieren mal eine an."

Sie paßt. Selig hopst Britta schon voraus zur Kasse, aber plötzlich kommt sie zurückgesaust. „Ich zähl mal nach, ob es auch wirklich 77 sind, ja?"

„Das kannst du gleich im Auto tun", meint Mama. „Jetzt bezahlen wir erst mal."

Am Abend vor dem Schlafengehen, als Britta die neue Hose leider ausziehen muß, sind die Käfer schon fünfmal gezählt: zweimal im Auto, einmal von Brittas Bruder Marc, einmal von ihrer Freundin Katja, und dann hat Papa noch nachgezählt. Es stimmt wirklich. Genau 77 Käfer, alle rot mit schwarzen Punkten.

Mitten in der Nacht, als alle schlafen, wacht Britta auf, weil sie mal aufs Klo muß. Wie sie eben im Bad nach dem Lichtschalter tastet, glaubt sie, ein Geräusch zu hören. Ist hier jemand? Sie schaut sich mit schläfrigen Augen um. Nein, hier ist alles wie immer. Die Waschlappen träumen, die Bademotte schläft fest, ohne zu schnarchen. Nur auf dem Hocker liegt Brittas neue Hose. Ja, ja, die neue blaue Hose. Eine blaue Jeans. Einfach blau, ohne was drauf. Moment mal!

Britta reißt die Augen auf. Was ist das

für eine Hose? Hier baumelt doch noch das rote Etikett, das sie unbedingt dranlassen wollte. Wo sind die Käfer?

Plötzlich hört Britta doch wieder das Geräusch. Etwas wie Kichern und Flüstern, und es kommt aus der Ecke, wo die Handtücher hängen. „Hihihihi!" macht es wie mit vielen dünnen, hohen Wisperstimmchen. Britta schiebt vorsichtig ein Handtuch zur Seite, und da: Eine ganze Versammlung von kleinen roten Käfern sitzt an der Wand, wackelt mit den Fühlern und kichert. Nein, das ist ja ausgeschlossen und kann nicht wahr sein. Britta reibt sich die Augen, gähnt und tapst wieder ins Bett.

Am nächsten Morgen sitzt sie, natürlich mit der neuen Käferhose, am Frühstückstisch und will gerade einen Schluck Milch trinken, da stellt sie den Becher wieder hin und guckt in die Luft.

„Mir fällt was ein. Wißt ihr, was ich geträumt hab? Zu komisch. Alle Käfer waren von meiner Hose verschwunden und krabbelten im Bad an der Wand rum."

„O je", lacht Papa, „und du mußtest sie einzeln wieder einsammeln?"

„Nein, nein, sie waren einfach wieder da." Britta steht auf. „Tschüs, ich muß los."

Aber mittags kommt sie nach Hause gerannt, klingelt Sturm und schreit schon an der Tür ganz aufgeregt: „Mama! Komm mal schnell! Es sind nur noch 76!"

„Wie? Was?"

„Wirklich, das stimmt. Nur noch 76 Käfer auf der Hose. Wir haben noch neunmal nachgezählt, immer nur 76. Einer fehlt. Und hier, guck mal!" Britta zeigt auf eine Stelle am linken Hosenbein. „Hier ist auch eine Lücke." Tatsächlich. Ein Platz ist leer und blau. Genau ein Käfer würde da hinpassen. Mama schüttelt den Kopf.

Ob Britta doch nicht geträumt hat? Was machen Hosenkäfer nachts? Gehen sie spazieren? Kann sich auch mal einer verlaufen und nicht mehr zurückkommen? Kann man sich im Kaufhaus darüber beschweren?

Jedesmal, wenn Britta von nun an einen roten Käfer im Garten findet, denkt sie: Vielleicht ist er das? Denn so oft sie die Käfer auch nachzählt, einer bleibt verschwunden.

Irina Korschunow

Steffi hat einen Luftballon

Steffi hat einen Luftballon. Er ist rot und hat ein aufgemaltes Gesicht und wackelt im Wind hin und her.

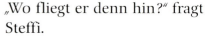

„Du mußt den Bindfaden ganz fest halten", sagt der Vater. „Sonst fliegt dein Ballon weg."
Steffi glaubt das nicht. Vorsichtig läßt sie den Bindfaden los, nur ein bißchen, nur ganz kurz. Und schwupp, fliegt der Ballon davon.
„Mein Luftballon!" schreit Steffi. Sie will nach dem Bindfaden greifen. Aber der Luftballon ist schon zu weit weg.
Steffi fängt an zu weinen.
„Mein Luftballon! Ich will meinen Luftballon wiederhaben."
Der Vater nimmt Steffi auf den Arm.
„Sei nicht traurig", sagt er. „Dem Luftballon macht es sicher Spaß. Der kann jetzt fliegen, immerzu fliegen."
Steffi hebt den Kopf. Der Luftballon schwebt hoch oben in der Luft. Er ist nur noch ein roter Punkt am Himmel.

„Wo fliegt er denn hin?" fragt Steffi.
„Zu den Wolken", sagt der Vater. „Und immer noch weiter."
„Zu den Sternen?" fragt Steffi. „Und zum Mond?"
„Vielleicht", sagt der Vater. „Und irgendwann landet er wieder, in einem Garten oder auf einer Wiese. Und dann kommt so ein kleines Mädchen wie du und findet ihn, und der Luftballon sagt: ‚Schöne Grüße von Steffi!'"
„Der Luftballon kann gar nicht sprechen", sagt Steffi.
„Stimmt", sagt der Vater. „Das war auch bloß so eine Luftballongeschichte, damit du nicht mehr traurig bist."
„Erzähl mir noch eine Luftballongeschichte!" sagt Steffi.
„Heute abend. Vor dem Einschlafen", sagt der Vater.

Max Bolliger

Der goldene Apfel

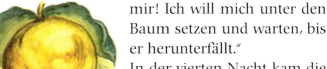

Auf einer Wiese, mitten im Wald, stand ein Apfelbaum. Er war breiter und höher als alle anderen Bäume. Es war ein Riesenapfelbaum. Seine vielen Blätter waren groß wie Teller. Doch er trug nur einen einzigen Apfel.

Und dieser Apfel hing am obersten Ast, nahe bei der Sonne, nahe beim Mond, nahe bei den Sternen. Der Apfel war aus Gold.

In der Nacht kam der Löwe aus dem Wald. Er sah den goldenen Apfel im Mondschein.

„Bin ich nicht der König der Tiere", sagte der Löwe, „der Apfel gehört mir! Ich will mich unter den Baum setzen und warten, bis er herunterfällt."

In der folgenden Nacht kam der Elefant aus dem Wald. Er sah den Löwen unter dem Baum sitzen. Er sah den goldenen Apfel im Mondschein.

„Bin ich nicht das schwerste unter den Tieren", sagte der Elefant, „der Apfel gehört mir! Ich will mich unter den Baum setzen und warten, bis er herunterfällt."

In der dritten Nacht kam der Tiger aus dem Wald. Er sah den Löwen und den Elefanten unter dem Baum sitzen. Er sah den goldenen Apfel im Mondschein.

„Bin ich nicht das stärkste unter den Tieren", sagte der Tiger, „der Apfel gehört mir! Ich will mich unter den Baum setzen und warten, bis er herunterfällt."

In der vierten Nacht kam die Giraffe aus dem Wald. Sie sah den Löwen, den Elefanten und den Tiger unter dem Baum sitzen. Sie sah den goldenen Apfel im Mondschein.

„Bin ich nicht das längste unter den Tieren", sagte die Giraffe, „der Apfel gehört mir! Ich will mich unter den Baum setzen und warten, bis er herunterfällt."

In der fünften Nacht kam der Fuchs aus dem Wald. Er sah den Löwen, den Elefanten, den Tiger und die Giraffe unter dem Baum sitzen. Er sah den goldenen Apfel im Mondschein.

„Bin ich nicht das schlauste unter den Tieren", sagte der Fuchs, „der Apfel gehört mir! Ich will mich unter den Baum setzen und warten, bis er herunterfällt."

Doch der goldene Apfel fiel nicht herunter. Die Tiere saßen unter dem Baum und wurden hungrig. Aber keines getraute sich wegzugehen, aus Angst, der Apfel könne herunterfallen.

In der sechsten Nacht kam ein Eichhörnchen aus dem Wald. Die hungrigen Tiere stürzten sich auf das Eichhörnchen und wollten es verschlingen. Aber das Eichhörnchen kletterte den Baum hinauf und setzte sich neben den goldenen Apfel.

Es lachte und rief: „Ich bin kein König, ich bin nicht der Schwerste, ich bin nicht der Stärkste, ich bin nicht der Längste, ich bin nicht der Schlauste, doch der Apfel gehört mir!"

Aber als es den Stiel durchgenagt hatte, da war der goldene Apfel für das kleine Eichhörnchen zu groß und zu schwer. Er entglitt seinen Pfötchen und plumpste auf den Boden.

Da stürzten sich der Löwe und der Elefant, der Tiger, die Giraffe und der Fuchs auf den goldenen Apfel. Es entbrannte ein schrecklicher Kampf. Alle schrien und lärmten, und sie bissen und schlugen so lange aufeinander los, bis sie den goldenen Apfel vergaßen und heulend davonliefen.

Der Löwe blutete. Der Elefant hatte einen Zahn verloren. Der Tiger sah nur noch aus einem Auge. Die Giraffe hörte nur noch auf einem Ohr. Der Fuchs hinkte.

Das Eichhörnchen hüpfte davon. Es brauchte den goldenen Apfel nicht. Es war froh.

In der siebenten Nacht aber verirrte sich im Wald ein Kind wie du. Es kam auf die Waldwiese und fand im Gras den goldenen Apfel.

Inhalt

Wenn es dunkel wird

Hans Stempel und Martin Ripkens: Willkommen an Bord   6
Eva Maria Kohl: Warum die Nacht schwarz ist   7
Mascha Kaléko: Schlafliedchen   8
Volksgut: Guten Abend, gut Nacht – *Lied*   9
Pearl S. Buck: Wenn es dunkel wird   10
Else Holmelund Minarik: Was der kleine Bär sich wünscht   12
Hans Stempel und Martin Ripkens: Pst!   13
Jill Tomlinson: Dunkelheit ist herrlich   14
Nortrud Boge-Erli: Tief in meinem Kuschelnest – *Lied*   20
Franz S. Sklenitzka: Iglu-Geschichte   21
Fredrik Vahle: Schlaflied für Anne – *Lied*   23
Achim Bröger: Moritz und sein Vater können nicht einschlafen   24
Christa Zeuch: Also tschüß und gute Nacht   28
Otfried Preußler: Sechshundertsiebenundachtzig Schafe   30
Paul Gerhardt: Nun ruhen alle Wälder – *Lied*   32
Wolfgang Borchert: Abendlied   33

Vom Mond und den Sternen

Brüder Grimm: Der Mond   36
Paula Dehmel: Lied vom Monde   38
Irina Korschunow: Steffi guckt den Mond an   39
Matthias Claudius: Der Mond ist aufgegangen – *Lied*   40
Ludwig Aurbacher: Der Schneider beim Mond   41
Gustav Sichelschmidt: Lustiger Mond   41
Gina Ruck-Pauquèt: Der kleine Zauberer und das Sternchen   42
Mascha Kaléko: Der Sternanzünder   44
Jürgen Spohn: Aber wen?   45

Nortrud Boge-Erli: Trostlied von den Sternen   45
Herlint Wolff v. d. Steinen: Die Sonne, der Mond und der Hahn   46
Heinrich Hoffmann: Besuch bei Frau Sonne   48
Heinrich Hannover: Urgroßmutters Spieldose   49
Wilhelm Hey: Weißt du, wieviel Sternlein stehen – *Lied*   52
Brüder Grimm: Die Sterntaler   53

Vom Sandmann und kleinen Gespenstern

Irina Korschunow: Der Sandmannvater und sein Sohn   56
Gina Ruck-Pauquèt: Der kleine Nachtwächter und das Schlaflied   61
Isolde Heyne: Der verschnupfte Anton   62
Theodor Storm: Der kleine Häwelmann   65
Jill Tomlinson: Dunkelheit ist aufregend   68
Otfried Preußler: Saitenspiel   72
Brüder Grimm: Die Wichtelmänner   76
Helga Schubert: Das Märchen vom Huuhuu   78
Gina Ruck-Pauquèt: Der kleine Nachtwächter und die Windmelodie   80
Hans Georg Lenzen: Regen   81
Angela Sommer-Bodenburg: Die Geschichte vom Rutsch-Gespenst   82
Petra Milde: Ein Gespenst zieht um   84
Hans Christian Andersen: Die Prinzessin auf der Erbse   86
Ursula Fuchs: Prinzessin auf der Erbse   88

Ein Kopfkissen voller Träume

Mascha Kaléko: Der Mann im Mond   92
Johann Peter Hebel: Der vorsichtige Träumer   92
Gina Ruck-Pauquèt: Der kleine Stationsvorsteher und der Flugzeugtraum   93

Dorothée Kreusch-Jacob: Ich hab ein Schmusekissen – *Lied*   94
James Krüss: Die allerkleinste Poststation   95
Nortrud Boge-Erli: Vom kleinen Jungen, dem Träumerich und dem Löwipon   96
Dorothée Kreusch-Jacob: Ich schenk dir einen Regenbogen – *Lied*   98
Ute Andresen: Traum   99
Monika Seck-Agthe: Der blaue Vorhang   100
Karl Krolow: Schlaflied im Sommer   105

Von großen und kleinen Tieren

Heinrich Hannover: Das Pferd Huppdiwupp   108
Ursula Wölfel: Die Geschichte von den Nilpferden   110
Ana Maria Machado: Quackel, die Ente   111
Ludvik Askenazy: Die Maus Silvie und der Kater Cicero   114
Hoffmann von Fallersleben: Wer hat die schönsten Schäfchen? – *Lied*   115
Gina Ruck-Pauquèt: Der kleine Zauberer und der Fisch   116
Winfried Wolf: Die kleine Katze   117
Josef Guggenmos: Rosi läuft weg   118
Gina Ruck-Pauquèt: Der kleine Zoowärter und die Fledermäuse   122
Dany Laurent: Dachs mit Brille   123
Janosch: Der Bär und der Vogel   128
Rudolf Neumann: Nesthupferl für einen Uhu   130

Geschichten zum Träumen

Jakob Streit: Die Geschichte vom Zwerglein Liputto   134
Georg Bydlinski: Wann Freunde wichtig sind   136
Renate Welsh: Ein sehr alter weißer Bär   137
Sigrid Heuck: Die Teddybär-Geschichte   140

Barbara Bartos-Höppner: Schnüpperle hat ein Geheimnis   142
Hanna Hanisch: Jan holt den Regenbogen heim   145
Christoph Meckel: Und du?   146
Regine Schindler: Die Geschichte vom Kuß   147
Christa Wißkirchen: Die Käferhose   148
Irina Korschunow: Steffi hat einen Luftballon   150
Max Bolliger: Der goldene Apfel   151

Quellenverzeichnis

Seite 6: *Hans Stempel/Martin Ripkens,* „Willkommen an Bord"; aus: Purzelbaum. © 1972 Verlag Heinrich Ellermann, München.

Seite 7: *Eva Maria Kohl,* „Warum die Nacht schwarz ist"; aus: Die Räuber gehen baden. © 1980 Der Kinderbuch Verlag, Berlin.

Seite 8: *Mascha Kaléko,* „Schlafliedchen". © Gisela Zoch-Westphal.

Seite 10: *Pearl S. Buck,* „Wenn es dunkel wird"; aus: Geschichten für kleine Kinder. © Rudolf Trauner Verlag, Linz 1969.

Seite 12: *Else Holmelund Minarik,* „Was der kleine Bär sich wünscht". Übersetzung von Franz Caspar. © 1959 der deutschen Ausgabe by Verlag Sauerländer, Aarau/Schweiz.

Seite 13: *Hans Stempel/Martin Ripkens,* „Pst!"; aus: Purzelbaum. © 1972 Verlag Heinrich Ellermann, München.

Seite 14: *Jill Tomlinson,* „Dunkelheit ist herrlich"; aus: Die kleine Eule. Übersetzung von Ulla Nekkenauer. Die englische Originalausgabe erschien 1968 im Verlag Methuen & Co. Ltd., London. © 1968 The Estate of Jill Tomlinson. © für die Übersetzung: Ravensburger Buchverlag.

Seite 20: *Nortrud Boge-Erli,* „Tief in meinem Kuschelnest". © für den Text Nortrud Boge-Erli. © für die Melodie Dorothée Kreusch-Jacob.

Seite 21: *Franz S. Sklenitzka,* „Iglu-Geschichte"; aus: Pauls Bett-Geschichten. © Arena Verlag GmbH, Würzburg.

Seite 23: *Fredrik Vahle,* „Schlaflied für Anne"; aus: Das Anne Kaffeekanne Liederbuch. © Aktive Musik Verlagsgesellschaft mbH, Dortmund.

Seite 24: *Achim Bröger,* „Moritz und sein Vater können nicht einschlafen". © beim Autor.

Seite 28: *Christa Zeuch,* „Also tschüß und gute Nacht". © bei der Autorin.

Seite 30: *Otfried Preußler,* „Sechshundertsiebenundachtzig Schafe". © beim Autor.

Seite 33: *Wolfgang Borchert,* „Abendlied"; aus: Das Gesamtwerk. © 1949 by Rowohlt Verlag, Hamburg.

Seite 39: *Irina Korschunow,* „Steffi guckt den Mond an". © bei der Autorin.

Seite 41: *Gustav Sichelschmidt,* „Lustiger Mond". © Schwann Verlag, Düsseldorf.

Seite 41: *Gina Ruck-Pauquèt,* „Der kleine Zauberer und das Sternchen". © bei der Autorin.

Seite 44: *Mascha Kaléko,* „Der Sternanzünder". © Gisela Zoch-Westphal.

Seite 45: *Jürgen Spohn,* „Aber wen?". © Barbara Spohn, Berlin.

Seite 45: *Nortrud Boge-Erli,* „Trostlied von den Sternen". © bei der Autorin.

Seite 46: *Herlint Wolff v. d. Steinen,* „Die Sonne, der Mond und der Hahn"; aus: Die Katze mit der Brille. © Europa Verlag AG, Zürich.

Seite 48: *Heinrich Hannover,* „Urgroßmutters Spieldose". © beim Autor.

Seite 56: *Irina Korschunow,* „Der Sandmannvater und sein Sohn". © bei der Autorin.

Seite 61: *Gina Ruck-Pauquèt,* „Der kleine Nachtwächter und das Schlaflied". © bei der Autorin.

Seite 62: *Isolde Heyne,* „Der verschnupfte Anton"; aus: Lese-Löwen-Sandmännchengeschichten. © 1987 by Loewes Verlag, Bindlach.

Seite 68: *Jill Tomlinson,* „Dunkelheit ist aufregend"; aus: Die kleine Eule, a.a.O.

Seite 72: *Otfried Preußler,* „Saitenspiel"; aus: Der kleine Wassermann. © 1956 by K. Thienemanns Verlag, Stuttgart.

Seite 78: *Helga Schubert,* „Das Märchen vom Huuhuu"; aus: Der blaue Schmetterling. © 1979 der Kinderbuch Verlag, Berlin.

Seite 80: *Gina Ruck-Pauquèt,* „Der kleine Nachtwächter und die Windmelodie". © bei der Autorin.

Seite 82: *Angela Sommer-Bodenburg,* „Die Geschichte vom Rutsch-Gespenst". © bei der Autorin.

Seite 84: *Petra Milde,* „Ein Gespenst zieht um". © bei der Autorin.

Seite 85: *Hans Georg Lenzen*, „Regen"; aus: Hans-Joachim Gelberg, Die Stadt der Kinder. © Georg Bitter Verlag, Recklinghausen.

Seite 88: *Ursula Fuchs*, „Prinzessin auf der Erbse"; aus: Geschichten vom Bär. © 1984 Anrich Verlag GmbH, Kevelaer.

Seite 92: *Mascha Kaléko*, „Der Mann im Mond". © Gisela Zoch-Westphal.

Seite 93: *Gina Ruck-Pauquèt*, „Der kleine Stationsvorsteher und der Flugzeugtraum". © bei der Autorin.

Seite 94: *Dorothée Kreusch-Jacob*, „Ich hab ein Schmusekissen". © bei der Autorin.

Seite 95: *James Krüss*, „Die allerkleinste Poststation". © beim Autor.

Seite 96: *Nortrud Boge-Erli*, „Vom kleinen Jungen, dem Träumerich und dem Löwipon." © bei der Autorin.

Seite 98: *Dorothée Kreusch-Jacob*, „Ich schenk dir einen Regenbogen". Patmos Verlag, Düsseldorf 1993 und Dorothée Kreusch-Jacob.

Seite 99: *Ute Andresen*, „Traum", aus: ABC – und alles auf der Welt. © Ravensburger Buchverlag.

Seite 100: *Monika Seck-Agthe*, „Der blaue Vorhang". © bei der Autorin.

Seite 105: *Karl Krolow*, „Schlaflied im Sommer". © Georg Bitter Verlag, Recklinghausen.

Seite 108: *Heinrich Hannover*, „Das Pferd Huppdiwupp". © beim Autor.

Seite 110: *Ursula Wölfel*, „Die Geschichte von den Nilpferden"; aus: 28 Lachgeschichten. © by K. Thienemanns Verlag, Stuttgart.

Seite 111: *Ana Maria Machado*, „Quackel, die Ente"; aus: Warum der kleine Delphin Purzelbäume schlägt. © Ravensburger Buchverlag.

Seite 114: *Ludvik Askenazy*, „Die Maus Silvie und der Kater Cicero"; aus: Ludvik Askenazy/Helme Heine, Du bist einmalig. © 1981 Gertraud Middelhauve Verlag GmbH & Co. KG, Köln.

Seite 116: *Gina Ruck-Pauquèt*, „Der kleine Zauberer und der Fisch". © bei der Autorin.

Seite 117: *Winfried Wolf*, „Die kleine Katze"; aus: Warum die Eisbären schwarze Nasen haben. © Ravensburger Buchverlag.

Seite 118: *Josef Guggenmos*, „Rosi läuft weg"; aus: Kinderland-Zauberland. © Georg Bitter Verlag, Recklinghausen.

Seite 122: *Gina Ruck-Pauquèt*, „Der kleine Zoowärter und die Fledermäuse". © bei der Autorin.

Seite 123: *Dany Laurent*, „Dachs mit Brille": Übersetzung von Jutta Weidemeyer. © Flammarion 1989.

Seite 128: *Janosch*, „Der Bär und der Vogel"; aus: Das große Janosch Buch. © Beltz Verlag, Weinheim und Basel 1976. Programm Beltz & Gelberg, Weinheim.

Seite 130: *Rudolf Neumann*, „Nesthupferl für einen kleinen Uhu". © beim Autor.

Seite 134: *Jakob Streit*, „Die Geschichte vom Zwerglein Liputto"; aus: Liputto. © 1987 Verlag Urachhaus, Stuttgart, 2. Auflage 1988.

Seite 136: *Georg Bydlinski*, „Wann Freunde wichtig sind"; aus: Der Mond heißt heute Michel. © Herder Verlag, Freiburg.

Seite 137: *Renate Welsh*, „Ein sehr alter weißer Bär". © bei der Autorin.

Seite 140: *Sigrid Heuck*, „Die Teddybär- Geschichte". © bei der Autorin.

Seite 142: *Barbara Bartos-Höppner*, „Schnüpperle hat ein Geheimnis"; aus: Ferien mit Schnüpperle. © C. Bertelsmann Verlag, GmbH, München 1972.

Seite 145: *Hanna Hanisch*, „Jan holt den Regenbogen heim"; aus: Mittwochabend-Geschichten, rotfuchs 361. © 1984 Rowohlt Taschenbuchverlag GmbH, Reinbek.

Seite 146: *Christoph Meckel*, „Und du?"; aus: Pferdefuß. © Ravensburger Buchverlag.

Seite 147: *Regine Schindler*, „Die Geschichte vom Kuß"; aus: Die lachende Katze. © Blaukreuz Verlag, Bern 1984.

Seite 148: *Christa Wißkirchen*, „Die Käferhose". © bei der Autorin.

Seite 150: *Irina Korschunow*, „Steffi hat einen Luftballon". © bei der Autorin.

Seite 151: *Max Bolliger*, „Der goldene Apfel". © beim Autor.

Die Deutsche Bibliothek – CIP-Einheitsaufnahme

Das Ravensburger Buch der Gutenacht-Geschichten /
hrsg. von Sabine Schuler. Mit Bildern von Christine Georg. –
Orig.-Ausg. als Anthologie. –
Ravensburg: Maier, 1994
ISBN 3-473-35171-7

5 4 3 2 1   98 97 96 95 94

Originalausgabe als Anthologie
© 1994 Ravensburger Buchverlag Otto Maier GmbH

Quellennachweis siehe Seite 158

Umschlag und Innenillustrationen: Christine Georg
Redaktion: Hjördis Fremgen

Alle Rechte dieser Ausgabe vorbehalten durch
Ravensburger Buchverlag Otto Maier GmbH
Gesamtherstellung: Appl, Wemding
Printed in Germany

ISBN 3-473-35171-7